李广宇作品

判词例话

李广宇 著

法律出版社

2018年 郑州

对话是为了说服

我一直在尝试一种"对话式"裁判文书。所谓"对话"，首先要跟当事人对话。在一审阶段，要回应原告的诉讼请求；在二审阶段，要回应上诉人的上诉理由；在审判监督阶段，要回应再审申请人的再审理由。只有明白的叙事，充分说理，才能有效提升司法裁判的接受度。还要跟下级法院对话，通过对话，讲明白错在哪里，就是在发挥对下指导功能，详解这一法律适用的尺度和标准。

手迹

目　录

先具结构于胸中

清代姚鼐在《述庵文钞序》中提出："余尝论学问之事，有三端焉，曰：义理也，考证也，文章也。是三者，苟善用之，则皆足以相济；苟不善用之，则或至于相害。"写裁判文书，固然不是纯粹的学问之事，但也有相通之处。裁判文书中也有义理，说理是也；裁判文书中也有考证，寻找事实，寻找法律，难说不是一种考证；文章，则是表达能力，无论是叙述事实，解释法律，还是说理，最终都要靠语言和文字表达出来，善与不善，有若云泥。霍姆斯也曾说："思想的形成并不是件难事，难的是如何用语言将思想表达出来。"霍姆斯的继任者卡多佐更是明确地不赞成把形式与本质割裂开来，他说："形式不只是附加于本质的醒目的装饰，两者是凝结为一个整体的。""形式中诞生的力量，以及从形式的匮乏中诞生的软弱，构成本质的真实品质。它们是事物的主宰者，它们使事物各得其所。"所以，我想写这样一组文章，谈谈裁判文书的形式和表达问题。

还记得清代有一位没有留下姓名的人物在《儒林外史回评》中说过这样一段话："凡做一部大著，如匠石之营宫室，必先具结构于胸中，孰为厅堂，孰为卧室，孰为书斋灶厩，一一布置停当，然后可以兴工。"裁判文书虽说不是鸿篇巨制，但也应当在开笔前"先具结构于胸中"。所以我们就先从结构说起。

我们在上小学时，就知道了文章有记叙文、议论文和应用文之分。夏丏尊和叶圣陶两位语文大师曾经特别强调过应用文与其他普通文在形式上的不同，他们是这样说的：

应用文的目的在应付实际事务，有的属于交际方面，有的属于社会约束方面，和我们的实际生活关系很密切，所以都有一定的形式。我们写普通文，不论是记叙文、叙述文或是说明文、议论文，都可自由说话，不受刻板的形式的限制；惟有写应用文不能不遵守形式，否则就不合适。

中国古代的判词，最初是与普通文没有本质区别的，但越往后，越演变成一种独立的文体，成为公牍的一种，所以是属于应用文范畴的，而且是官方给定格式的应用文，因此在大的结构方面，没有什么自由发挥的空间。《最高人民法院关于加强和规范裁判文书释法说理的指导意见》就列举了刑事、民事、行政、国家赔偿等领域的八种文书样式，并要求“应当遵循”这些文件所规定的“技术规范标准”。如果非要说有那么一片“自留地”，也就“本院认为”那一部分吧。我们讨论结构问题，也是限于这一部分之内的。

我因为写系列文章《判词经典》，把中国古代上下两千年的判词浏览了很多，发现这些所谓的判词，其实也只是“本院认为”部分，而这一部分的结构实在是不拘一格的。南宋时期的《名公书判清明集》，素来被认为是中国古代判词的高峰，我们且随机选取一篇，来看看其在结构方面的特色。这是胡石壁的《赁人屋而自起造》：

> 李茂森赁人店舍，不待文约之立，不取主人之命，而遽行撤旧造新，固不无专擅之罪。但自去年十月初兴工，至今年三月末讫事，历时如此之久，蒋邦先岂不知之？若以为不可，则当不俟终日而讼之于官矣，何为及今而始有词？况当其告成之后，又尝有笔贴，令其以起造费用之数见论。以此观之，则是必已有前定之言矣，不然，则李茂森非甚愚无知之人，岂肯贸然捐金縻粟，为他人作事哉！词讼之兴，要不为此，必是见李茂森具数太多，其间必不能一一皆实，所以兴讼以邀之，其意不过欲勒其裁减钱数耳，非果欲除毁其屋也。小人奸状，有何难见，两家既是亲戚，岂宜为小失大。押下本厢，唤邻里从公劝和，务要两平，不得偏党。五日。

不足三百字的一篇判词，信息量巨大，要素一样不缺。有当事人：原告“蒋邦先”，被告“李茂森”；关系：“亲戚”；法律关系：“赁人店舍”。有诉讼请求：“除毁其屋”。有事实：“李茂森赁人店舍，不待文约之立，不取主人之命，而遽行撤旧造新”。有证据：“又尝有笔贴，令其以起造费用之数见论”。有事理：“自去年十月初兴工，至今年三月末讫事，历时如此之久，蒋邦先岂不知之？若以为不可，则当不俟终日而讼之于官矣，何为及今而始有词？”有推论：“词讼之兴，要不为此，必是见李茂森具数太多，其间必不能一一皆实，所以兴讼以邀之，其意不过欲勒其裁减钱数耳，非果欲除毁其屋也”。有是非：“小人奸状，有何难见”。有情理：“两家既是亲戚，岂宜为小失大”。有处理：“押下本厢，唤邻里从公劝和，务要两平”。有指引：“务要两平，不得偏党”。有时限：“五日”。这么丰富的内容，在结构上却没有一个八股的格式，一气呵成，浑然天成。将其放在唐宋八大家之小品散文当中，亦非下品。

一直到清代，判词的结构都是这样别开生面，不落窠臼的。我们来读一篇清代陆稼书的“囚犯剃发之妙判”：

> 囚犯不得剃发，律有明条。囚犯不得私带刀锥等凶器入狱，又有明文。该犯三麻子因窃案而入狱，又骫法以剃发。私带小刀，显犯王制，按律应予杖二百，徒一年。禁卒王德成，所司何事，竟于囚犯入狱之时，不先为检查，被私自带刀，所幸仅犯剃发耳，使更大于此或私凿镣铐，图谋越狱，或任意杀人酿成命案，其咎谁应负之？其平日之颟顸糊涂于此，可见责其有忝职守，亦无可辞，应重杖一百。此判。

囚犯之不得剃发，不得带刀，律有明条，没有什么好商量的，所以直接援律处置，无须置喙。不去说理，反见干脆。倒是狱卒疏于管理，有忝职守，有得一论，因此更多的篇幅放在了这里。可谓轻重有别，简繁有致。如果不分场合，开篇也就囚犯何以不得剃发，何以不得带刀，来上一番宏论，那就有些多此一举了。仔细揣摩，陆稼书的做法是，什么问题重要，就集中力量说什么问题。譬如在“杀叔自首之妙判”中，复杂的法律适用问题成为焦点，他就集中力量论述法律适用。判词是这样的：

审得谢威如被杀一案。据倒申伯供称，因威如醉后强奸其妻，持刀威吓，及门望见申伯，既惭且惧，即弃刀逃窜。申伯未及细视为何人，且亦不疑为威如，因拾刀追逐，至林中，杀之。倒地方知为叔，悔恨莫及，用敢自首，请为究办等语。本县查律载：杀其功服尊亲者，斩立决；误杀者减一等。又律载：自首者，以本罪减一等。又康熙六年，山西巡抚奏准：太原府农民曹素工持刀守夜，有贼掘穴而入，曹素工杀之，及检视乃为伯父。事出无心，情有可原，照旨律减三等，定为绞监候；又康熙十三年，浙闽抚督奏准：福建莆田县生员程有功，与父程慈生夜半相撞，疑为窃贼，杀之，罪按本律减二等，定为绞立决。今查本案谢申伯之杀叔谢威如，其情实与康熙六年及十三年奏准两案相等，应遵照前例，以本律减处三等，定为绞监候。再按自首律减一等，应为杖一百，流五千里。但律《奸杀门》内又载：本夫杀死奸夫者，杖五千，徒十年。其刀如奸夫所有者，减一等；强奸者，再减一等。是凡因持刀强奸而被本夫夺刀还杀者，按律不过杖二十。本案谢威如持刀强奸侄媳姜氏，被本夫申伯撞见，夺刀将威如杀死，当与律载相合。但威如与申伯既有叔侄之分，又为强奸未成，似无能与普通人奸杀案相比，拟应加重惩治，照自首、误杀其功服尊亲律再减一等，应杖五十，徒十年，庶两得其平，不至之失入失出之虞。死者无所冤，生者不必怨，而于名分上、风化上、伦常上均无所恨。除详报臬宪请示遵行外，此判。

开篇在简要生动地叙述了案情之后，便进入法律适用阶段，引用法律，比附前例，其缜密精致，丝毫不输英美。不仅讲法理，将法律适用过程全盘公开，更讲事理和情理，名分、风化、伦常，诸般利益皆有综合考量，入情入理，有情有义，生者死者，其岂不服？

到了清末民初，衰世求变，西风东来，新式司法判决就采用了列国通行之主文、事实、理由三段式的结构。

这种结构的优点是层次清晰，而将“理由”部分单列，更形成一种强制要求，法官想不说理都难。不过，从我读到的普通法系的一些判决来看，虽然也都包括主文、事实、理由这三个要素，但并非完全以这三者来作为划分段落的标准。英国的丹宁勋爵就别具匠心。首先，他特别主张判词要“尽可能地化整为零”，他说：

> 在写一本书或一份意见书时，你应该多分段落，而且每一段话都要分成几句话。整页印得满满当当的，又不分段，看起来不舒服，甚至令人生厌。一大段话，不分句子，不大容易读懂。

但对于如何划分段落，他却有自己的独特做法，并不受主文、事实、理由“三段论”的拘束。他会根据具体案情的需要，作出与之相匹配的段落安排，同时，尽可能给每一个段落起一个醒目的小标题。他说：“我的判决书，开始有一个开场白——就好像莎士比亚戏剧前面的合唱——用来介绍案情的大概。然后像莎士比亚一幕幕地拉开场景一样，我也一幕幕地从真实的生活中叙述案情的各个阶段。不过我把判决书分成几个部分（相当于莎士比亚戏剧中的幕），每个部分又分成几个小部分（相当于场），然后给每个部分加上与内容相吻合的标题和提要，以便让人一目了然。”“我在最后总有一个结论，就像莎士比亚戏剧中的尾声合唱。在这个结论中，我把几股绳攥在一起，然后给出一个结果。”

我在写裁判文书时，无疑受到了丹宁勋爵的一些影响，那就是喜欢分段，也喜欢加上一些小标题。有的是概念式，如：“抽象行政行为与规范性文件”；有的是问题式，如：“遗漏诉讼请求问题”；有的是问号式，如：“是撤销之诉还是义务之诉？”有的是结论式，如：“行政机关的程序行为不能单独诉请撤销”。无论属于什么种类，这些小标题都是对于争议焦点的回应。所以，在一个案件存在多个争议问题的情况下，设置几个小标题会更便于行文，可以在每一个小标题下集中讨论某一个问题。

针对多个争议焦点各自设置小标题，小标题之间的关系就是一种并列关系。但有时，争议焦点比较集中于一个问题，而且这个问题又会是事实问题与法律问题交织，因此可能就适合递进式。李丹英案就属于这种情况。在裁定的开头，我先是这样写："本件诉讼，告的是湖北省政府的《不予受理行政复议申请决定书》，在再审申请人向湖北省政府申请复议之前，有过一段比较繁复的过程，对此做一番简单梳理，或许有助于我们找出案件的症结之所在。"接下来，用了四个小标题。第一个是："本案如何走向复议"，第二个是："不履行复议决定如何救济"，第三个是"举报与被举报的'相关违法人'"，第四个是"诉讼程序问题"。前三个是层层递进，最后一个是附带论及。

樊增祥在《批长安县李令词讼册》中曾说："叙述各案，皆逐层批导，务使真形毕露，然后片言折之。能如此断案，断无复翻之理。"我不敢说我已掌握了"逐层批导"的本领，但"心向往之"总是有的。在庞贵红案中，我就做了一些尝试。在第一个自然段中，我先归纳再审申请人提起诉讼的目的，再叙述诉讼经过，然后给出结论：

> 再审申请人庞贵红提起本案诉讼，根本目的是要求湖北省公安厅依据《道路交通事故处理程序规定》第四十六条的规定，制定具体的道路交通事故责任确定细则或者标准。她向湖北省公安厅提出过申请，后者未予处理，湖北省人民政府也以不属于行政复议受案范围为由不予受理她要求湖北省公安厅履行上述职责的复议申请。一审法院认为，制定具体的道路交通事故责任确定细则或者标准属于抽象行政行为，不属于行政诉讼受案范围，并驳回再审申请人的起诉。二审法院也以不予受理的复议决定对再审申请人合法权益明显不产生实际影响为由，裁定驳回上诉，维持原裁定。这些处理符合法律规定……

这样一段文字，如果最后再加上所要援引的法律依据，差不多就是一篇完整的裁判文书了，但是，这仅仅才是个开始。这一段的最后还有一句话：“……理由如下。”接下来，又分四个方面进行多角度论证，第一段是“从法律规定来看”；第二段是“从诉讼类型来看”；第三段是“从原告资格来看”；第四段是“从规范刚度来看”。当事人的主张通常不只有一个，这个时候还要注意不能平均发力，重点论证重要问题，对不值一驳但必须予以回应的一笔带过。庞贵红案这个裁定就在完成上面四个方面的论证之后，在最后简要回应了再审申请人对于案件管辖所作的质疑。

小标题不必非有。王国维的《人间词话》曾说：“诗之《三百篇》、《十九首》，词之五代、北宋，皆无题也。非无题也，诗词中之意，不能以题尽之也。自《花庵》、《草堂》每调立题，并古人无题之词亦为之作题，如观一幅佳山水，而即曰此某山某河，可乎？诗有题而诗亡，词有题而词亡。”我尽管爱用小标题，但更多的是没有的。虽然没有小标题，段落层次也是清楚的，每一段回应一个再审理由。例如刘成运案，第一段讲的是“被告适格包括两个层面的含义”，以回应再审申请人提出的“主体问题应当是裁定方式结案”的主张；第二段讲的是并非“行政诉讼中的所有待证事实都要由被告承担举证责任”，以回应再审申请人“将行政行为违法的举证责任转嫁给原告一方”的质疑；第三段讲的是“第三人辅助参加”，以回应再审申请人认为“原一审追加第三人程序违法”的观点；第四段讲的是二审程序的功能，以回应再审申请人关于“二审不应进行书面审理”，“二审程序严重违法”的主张。所以，无题也是有题，只是基于案件的具体情况，每个段落层次难以抽象出简单一个词、一句话而已。

最高人民法院显然也认可甚至鼓励“本院认为”部分的个性化，《关于加强和规范裁判文书释法说理的指导意见》就提出：“可以根据案件情况合理调整事实认定和说理部分的体例结构。”所以，格式化的裁判文书虽然给你画好了一个一个的格子，但在这每一个格子中，你却可以跳出美妙的舞蹈。

万事开头难

万事开头难。对于文章而言，有个好的开头，也就成功了一半。但文章怎样开头，却没有一定之规。韩愈“文起八代之衰”，自是文章鼻祖，他的文章开头同样不俗。王葆心《古文辞通义》说：“韩文入手多特起，故雄奇有力。”这种“雄奇有力”的风格最突出地体现在两篇文章当中，一是《送孟东野序》，开头便说：“大凡物不得其平则鸣。”一是，《送董邵南序》，起首则是：“燕赵古称多感慨悲歌之士。”一上来就出语不凡，摄人魂魄，甚至成为千古传唱的名句。但韩愈的开头也不是篇篇如此，他追求的是“不相自犯”。什么是“不相自犯”呢？林琴南曾有解释：“譬甲篇是如此起法，乙篇即易其蹊径，丙篇是如此起法，丁篇又别有其用心。”这种变化多端，一方面是作者有追求，匠心独运；另一方面也是客观需要，要求与特定的场合相适应。对于后一方面，周振甫《文章例话》曾有详论：

> 文章的开头写得变化不同，是由于文章的内容不同、写作的要求不同、读者的对象不同，再加上作者的风格不同、文章的体裁不同等等所造成的。再说，文章要说明事理、反映生活，由于生活的丰富多彩、事理的各不相同，因而文章的开头也就变化不同了。

就判词而言，由于其公牍性质所限，开头较难雄奇特异，也较难变化多端，不外由“审得某某诉某某什么一案”开始。但历代有追求的法官，也还是不满足于千篇一律，而是在这螺蛳壳里做足了道场。我们就以清末名吏樊增祥为例，看看他都是如何处理判词的起笔。

樊增祥曾说：“判词系对百姓说话。”所以他在判词的开头，常常是直接对着百姓喊话，虽然以训斥居多，但往往一句话就能点出命门。例如《批客民朱丽云呈词》说：“尔真不会告状。”《批郃阳县民张百庆呈词》则说：“尔真讨厌已极！”这当然是初审判词的写法，因为他直接面对的就是百姓。到了写上诉审判词时，他的喊话就多是对着下级法官。有的是对下级法官耳提面命，如《批韩城县详》说：“断案须要持平，叙事更要清楚。”再如《批澄城县高令详》说：“凡判事须情法两平，则受者心服，阅者惬意，而革人衣顶尤须慎重周祥。”有的是对下级法官直截了当的批评，如《批沔县禀》说：“禀词过于含糊，令人闷损。”再如，《批淯化县印委会禀》说：“禀词欠清楚，图样亦欠明晰。”有的则是对下级法官的褒扬之辞，如《批临潼县李令禀》说：“看透案中症结，老眼不花，凛然笔下风霜，银手如断。”再如《批雒南县张令详》说：“核阅来详，叙述详明，剖断公允。此案刘详礼兄弟买张兴全之当业，延欠当价不交，反冒充卖主刘陈氏嗣子一再上控。该令斟酌情理，剖判曲直，烛照奸欺，彰明公道，一一如吾意中所欲出，深感佩爱。”

判词是对案件的裁断，所以更常见的是从案件切入。有的是开头即抓住案件要害。如《批商州民宋迎春呈词》说：“据控各情，似是尔妻卖奸方姓，一时苟合。迨方姓跟主赴凤翔任，则已东风吹散野鸳鸯矣。”有的是上来即点明是非。如《批长安监生童遇祥禀词》：“此案不问而知，两造均有不是。”有的是直奔案情抓人处。如《批紫阳县梁令士选禀》：“汪大有用草泥伪造人头，藏于家内，非图讹害平人，何为作此恶剧？”有的则是在面上讲几句办理某一类案件的要义。如《批山阳县刘令禀》说：“大凡判断婚姻案件，以保全妇女之节为主。”《批咸宁县民于扶福呈词》说：“凡地亩胶葛案件，指当为卖，捏约指赎者有之，以卖为当，持价霸赎者亦有之，要在问官虚心平气，审契据之真赝，察原、被、证三造之情词，从公剖断。”《批临潼县李令禀》说：“诬告反坐，例有明文。至以强劫诬人，尤为险恶。”《批岐山县赵令详》说：“书曰‘罪疑惟轻’，轻之则可，纵之则不可。……盖生者固当矜，死者亦可念也。”《批西安府详》说：“与人家事，其难甚于谋国。妇女无识，戚族教唆，涉讼公庭，照例批饬调处。即经官断，往往无理者薄责而厚赉，有理者受累而折财。问官之自命循吏者，于被讹之家劝令忍让，曰全骨肉也，于诬告之人酌断财产，曰恤贫寡也。此等断法，几于人人如是，而犹自以为厚道，为明允。本司恨之较贪赃枉法者更加一倍。”

我以为，此类开头最适合判词，因为它既能提炼出可以普遍适用的裁判规则，又能极为自然地过渡到本案的具体情节。例如《判回民童遇祥控词》，开篇即阐明通常办理家事案件的一个原则：“天下夫妇不和及翁姑憎其子妇因而涉讼者多矣，女家父母偏护其女致讼者亦多矣。此等事，自有该管父母官了之。为上司者，何必提审？”接着笔锋一转，论到本案的特殊情况：“独童遇祥父子控贾兆春一案蔓讼六年，臬司发县，而原告不到，又控本司，屡驳屡控，调卷核阅，不得不提。”前边是普遍适用的规则，后边则是例外适用的情形，本身就是对个案处理缘何突破通常惯例的一种理由说明。

樊增祥具有极高的文学造诣，所以他的判词的开头也常常以文学笔法为之。例如《批凤翔府转宝鸡县详册》，就像是在讲故事："此案王汰奎怀禽兽之心，欲与分家寡弟妇同度。及其弟妇交给财产，自回娘屋守节，汰奎未遂淫心，反疑其胞兄汰香所使，迭向欺讹，昧债而又赖债。及汰香请同族长理斥，汰奎辄敢执持屠刀，将汰香逼入卧房，致其兄情急夺刀砍至毙。"读起来像是三言两拍中的文字，却是引人入胜地讲清楚了基本案情。有的则是以谚语古训开头。如《批白河鳌仇令详》说："古人云'天下无事，庸人自扰'，宋人诗云'痴儿不了公家事'，皆白河此案之确评也。"《牌示》则说："语云'无谎不成状'，故上控之状十控九虚。然又云'久告不已，必有奇冤'，故屡断屡翻者，容有不公平之虑。"一方面感染力极强，另一方面，谚语本身其实又多少带有些"自然法"或者"先例"的性质，比自己说的大白话多了许多说服力。

我自己也非常注重裁判文书的开头，但回过头来检视一遍，也还是中规中矩的居多，出彩的只是凤毛麟角。最有个性的一个可能就是刘书平案了：

> 当一个公民满怀期待向行政机关寄去一份国家赔偿申请，收到的却是一份被中国邮政标注“拒收”字样而退回的信封原件，他的沮丧和愤懑可想而知。本案再审申请人就遇见了这样的境况，他转而将行政机关告到法庭，也是行使诉讼权利的当然之举。

这样一个开头，很有些小说笔法。尽管有人表示不习惯，但更多的人还是感到耳目一新。读起来确实比较轻松，但却并非可有可无的“闲笔”，而是包含着非常丰富的案件信息的。第一，他是向行政机关提出国家赔偿申请；第二，他是以邮寄的方式提出的；第三，行政机关“拒收”他的申请，也就是没有作出任何决定；第四，他为此提起了诉讼。这就比通常的裁判对此类过程的交待简单明了得多。当中对于当事人情绪的描述，也是必要的，这是一种感情的拉近，一开始就让他感觉法官与他站在了同一立场。而最后那句“也是行使诉讼权利的当然之举”，既是用来过渡的桥段，也是为引出后面那句他不爱听的话——“他选择的诉讼种类并不十分恰当”——预作心理抚慰。

点出案件的焦点：例如臧金凤案：“一审法院是以再审申请人臧金凤与被诉行政行为没有利害关系从而不具备原告资格为由驳回其起诉的。因而，原告资格问题就成为本案的核心问题。”郭传欣案：“本案有两个法律问题值得探讨：一是本案在诉讼类型上应当属于义务之诉还是撤销之诉；二是针对复议决定应当判决撤销还是判决无效。第二个问题再审申请人并未提及，但有必要澄清；第一个问题恰好是再审申请人申请再审的核心理由。”

一上来就亮明对再审申请人的主张是否支持，再引出具体论证。例如陈永利案：“再审申请人主张本案应适用民事诉讼的时效规定，这一观点缺乏法律依据，不能成立。”清代徐士林判词，也喜开头先亮明底牌，石破天惊，毫不遮掩。例如“太湖县民蔡方来冒祖占葬案”

开头："审得太湖县民蔡方来冒祖占葬，奸诈百出。正、署两官皆因伪谱而误断者也。""张三照架词争婚案"："审看得舒邑监生周绪九等助张三照争婚，皆好事而不达于情理者也。""龙岩县监生林联魁告翁希谦等案"："审得龙岩县监生林联魁奸诈恶劣，乃衣冠中败类也。"

以法谚开头。如王守保案："法谚云：'法律不保护权利上的睡眠者。'所以，过于迟延地请求法律救济将不受到法律的保护。但在有些情况下，过早地请求法律救济，同样不被法律所允许。"再如崔志惠案："'无诉则无判。'诉乃发动审判权的前提。然而，是不是只要诉具备了法定形式并符合法定程序，人民法院就必须进行实体审理？既有法律虽然未作出明确规定，但根据审判权的应有之义，结合立法精神以及司法实践可知，答案并非绝对的。"

开头先讲明法律原则。例如利民公司案："确定判决对后诉具有既判力，判决一旦获得确定，当事人对于同一事项的再次起诉将会被禁止。本案一审法院就是以利民公司的起诉系重复起诉为由裁定不予立案。"王福珍案：“政府信息公开诉讼在很多方面与传统的行政诉讼不同，它既承继了合法性审查的因素，又不将其作为唯一的追求和考虑，而更着眼于争端的解决，也就是说，政府信息公开诉讼关注和解决的，始终是政府信息事实上能否公开这一实质问题。”

由诉讼请求入手。如王素兰案：“再审申请人王素兰提起本案诉讼时，共提出了两项诉讼请求，一是撤销砀山县政府作出的砀复决〔2008〕4号行政复议决定，二是判决砀山县政府赔偿其经济损失，并追究相关人员的法律责任。由该诉讼请求可知，再审申请人并非单独提起行政赔偿诉讼，而是在针对砀山县政府作出的砀复决〔2008〕4号行政复议决定提起行政诉讼的同时一并提出行政赔偿请求。”

由再审理由入手。如刘书平案：“再审申请人刘书平申请再审的主要理由，是他认为生效裁判以其提出的政府信息公开申请属于信访事项为由驳回起诉是错误的。他主张，不能把‘信访事项和政府信息公开行政案件混为一谈’。那么我们就有必要对信访和政府信息公开这两项制度做一番比较。”这样开头的好处是，体现了判诉对应，而且一上来就直奔焦点问题而去，是很适合上诉审和再审审查阶段使用的。

我也写过类似讲故事的开头，例如黄绍花案：“上世纪六七十年代，辉县人民在极端困难的情况下，劈山凿石，筑路修渠，大搞水利工程建设，当年的建设者‘敢教日月换新天’的气概至今为人们所传诵。本案再审申请人就是1700余名因兴修水利工程而受伤、牺牲的建设者中的一员，他们提起本案诉讼，是要求法院判令辉县市政府作出提高发放抚恤金标准的行政行为。”

有的是直接评价当事人的观点。例如赵幸峰案：“诚如再审申请人所言，‘监督行政机关依法行使职权’是《行政诉讼法》第一条规定的立法目的之一，但这种监督并非人民法院主动实施，而是通过受理行政诉讼、解决行政争议得以实现。同时，也不是任何人都有资格启动行政诉讼这一争议解决机制。”

有的开头就是一个警句。例如尚淑琴案：“一个不利行政行为的相对人总是有诉权的，因为被诉行政行为对其施加的负担显而易见。基于同样的道理，一个不利行政行为的相对人，也有权选择行政复议，以维护自己的合法权益。本案的情况就是如此。”但这是先扬后抑，紧接着，就出现了转折——“再审申请人在受到公安机关行政处罚的情况下，提出行政复议申请，复议机关最终撤销了这个处罚决定。按理说，不利行政行为的效力已经消灭，再审申请人的目的已经达到。但再审申请人却针对这个对其有利的复议决定提起了行政诉讼。其诉讼请求竟然是要求法院维持该复议决定书撤销行政处罚决定的主文，只是变更复议决定的部分理由。”

简述审理经过并作为随后对法律问题论证的引子。如明灯食品厂案：“本院对再审申请人的再审申请决定立案审查后，曾赴案发地查勘现场，并就地举行听证。提起再审后，合议庭认为案件争议的焦点主要集中于法律问题，因此决定书面审理。现就以下几个问题进行论证。”

开头就是解释法律。如闫水旺案：“按照《政府信息公开条例》第二十条第二款的规定，政府信息公开申请应当包括申请公开的政府信息的内容描述，这是为了便于行政机关准确及时地寻找并提供申请人所需要的政府信息。对于政府信息内容的描述，应当达到行政机关能够清楚分辨的程度，如果描述过于笼统，行政机关也应当以要求补正等方式提供必要的帮助。”

先交待背景，再像摄像机一样慢慢摇向本案。如祭城路更名案：“地名是国家和民族文化的重要载体。一个长期形成的地名，久而久之，会成为一个地方的符号，成为那个地方所有人情感所系的标志。正因如此，《地名管理条例》对地名的更改规定了严格的原则、程序和审批权限。要求‘从我国地名的历史和现状出发，保持地名的相对稳定’，‘可改可不改的和当地群众不同意改的地名，不要更改’。本案就是因为地名更改所引发。”

通常情况下，裁判文书的开头都会介绍案件起因、双方当事人主张、诉讼过程、原审法院观点等，如果不注意剪裁，有用没用的信息一股脑全都粘贴上去，就会使得那些材料缺乏灵魂，也没有针对性。一个好的开头，一定会别开生面，一定会抓住一个合适的切入点。这样的开头，一方面可以避免八股气，能够吸引人，就像李渔所说的那样：“开卷之初，当以奇句夺目，使之一见而惊，不敢弃去。”另一方面，它也好比瞄准了靶心，扳机扣动，子弹定会朝着正确的方向射去。

一篇全在尾句

姜夔《白石道人诗说》云："一篇全在尾句。"李渔《闲情偶寄》论杂剧，则将全本收场名为"大收煞"。他说："终篇之际，当以媚语摄魂，使之执卷流连，若难离别，此一法也。收场一出，即勾魂摄魄之具，使人看过数日而犹觉声音在耳，情形在目者，全亏此出撒娇，作临去秋波那一转也。"

尾句如何能写好呢？林纾《春觉斋论文》说："大家之文，于文之去路，不惟能发异光，而且长留余味，其最擅长者无若《史记》。《史记》于收束之笔不名一格。”《史记》我在做学生时通读过一遍，不过难免囫囵吞枣，几十年过去，也没有时间再读，因此对于它的结尾，没有什么深刻印象了。但林琴南说好，那肯定是好，所以你们没读过的不妨读读，当然不限于只读结尾。林琴南说《史记》结尾好，首先推崇它的“不名一格”，通俗讲就是一篇跟一篇不一样，没有一定之规。类似的话周振甫也曾说过：“文章结尾有多种多样，因为天下事理变化无穷，所以反映事理的文章变化无穷，结尾自然也会有这种变化。”

裁判文书有固定格式，不便随意发挥。尤其是，当今之裁判文书样式将判决主文置于最后，更是限制了自由发挥的空间。但我认为，结尾，有形式上的结尾与实质上的结尾之分。如果将最后一句话视作结尾，那所有的文书都是一样的，无非是“书记员 某某某”。就古代判词来讲也是如此，如果依形式标准，那可能十之八九都是“此判”。真正意义上的判词，应当是“掐头去尾”，剩下的那些实质部分。我们讲裁判文书写作，也是就这一部分而言。形式意义上的头和尾，没有什么好讲的。如此一来，可以驰骋的天地就非常广阔了。

清朝有一位名吏李之芳，做过浙江总督和兵部尚书这样的大官，但他早年也是法官，担任过金华府推官，后擢刑部主事。他在要离开金华的时候，“细检架头，有尘笺煤败者则谳稿几百番”，“盖理刑金华府日案牍也”。不忍弃之，于是编成一部判词集，起名《棘听草》。他在序中也说到了棘木听讼的传说：

> 余惟五刑之讼，古者成狱词听于棘木之下，犹参听三，又诚重之也。是故未成狱之先，则必原情立义以权之，意论慎测以别之，悉其聪明、致其忠爱以尽之。夫亦谓一成不变，务求尽心焉耳。

那么，他的“原情立义”、“意论慎测”，又是如何在判词当中体现的呢？品读之下，我觉得就体现在结尾处的“小结”；或者说，结尾处的“小结”，乃李之芳判词的一大特色。这一个“小结”，既可归拢前述，又能引出主文，就跟一座桥梁似的。例如，“分守道奉两院一件为人命据冤事”的“小结”云：“折胡琦之辩者在缢与不缢，定今彦之罪者在奸与非奸。检有缢痕，审无奸据，琦之应杖，夫复何词？”这就把本案的焦点，以及对于焦点的论断简明却又醒目地总结了出来，接下来如何裁判，也就成了顺理成章的事。

清代另一位推官张我观，似乎更爱总结。在他所撰《覆瓮集刑名》中，这类判词比比皆是。有的直言“总之”，有的以“夫”字发端，有的则以“卑职揆思”等短语引出。例如：“总之，此案商君德拂借钉仇，以十八年前无影之事，为十八年后告拆之囮。合行重惩，以为无良之戒。”再如：“夫此案起衅则系徐阿富，拟抵则有徐阿三，助殴之余人则为夏阿小。几经勘审，罪拟分明，乃讼徒思图藉诈，波及无干，动驾危词，亦耸宪听也。”又如：“卑职揆思，翁婿祖孙至情天性，相去悬殊，断无不顾其寡媳孤孙、颠连无告，而反昵婿赖逋，要亦天良难昧耳。”

我自己的判词中有没有这类“小结”呢？翻了翻，似乎也能找到。例如臧金凤诉砀山县政府案的结尾这样说："己所不欲，勿施于人。东邻少，未必西邻就多。再审申请人认为其宅基地面积被漏登，却将战火烧向与其本无权属争议的西邻，终究不是正途。"但这段话是在说了生效裁判"以臧金凤不具有原告主体资格为由驳回其起诉，并无不当"之后说的，不再像"桥梁"，更像是"后语"。

说到"后语"，宋代判词极工此道。我们可以从《名公书判清明集》中随意拈些出来，以资赏析。

在中国，司法的宣教功能源远流长。到了宋朝，这一传统更加发扬光大。宋人认为："天下惟道理最大。"他们还认为，百姓要讲道理，为政者更要讲道理。"郡守职在宣化"，所以必须"以道理开导人心"。《清明集》中的判词，有很多就是在案结事了之后，在结尾处做一番开导。"于民详于劝，于吏详于规"，言之谆谆，期也殷殷，"闾阎小人，无不翻然悔悟"。先来看吴恕斋的"执同分赎屋地"判。在这个案件中，当事人涉及多人，争执又是陈年老账，水田桑地、祖屋祖坟，交织其间，理赎不已，还有健讼之徒，上下其手。吴恕斋"详阅案卷，考究其事”，条分缕析，水落石出，结果是“法意人情，两不相碍”。定分止争之后，又在裁判的结尾来了一番开导教谕：

> 陈自牧、陈潜既为士人，亦须谙晓道理，若能舍此些小屋地，非特义举，亦免争诉追呼之扰，所失少而所得多矣。

在吴恕斋的另一篇“兄弟争业”判的结尾，则是对兄弟两人的谆谆教诲：

> 小人为气所使，惟利是趋，所争之田不满一亩，互争之讼不止数年，遂使兄弟之义大有所伤而不顾，官司更不早与剖决，则阋墙之祸，何时而已。

中国古代非常注重“无讼”，所以篇尾的教化也时常承担着息讼职能。胡颖的“乡邻之争劝以和睦”判，讲透了“才有些小言语，便去要打官司”的各种不值，又指出：对于妄兴词讼者自应严加惩治，对于唆使词讼者，更应痛下杀手，如此可收“惩一戒百”之效。有意思的是，判罚既成，他在结尾这样写道：

> 仍各人给判语一本，令将归家，遍示乡里，亦兴教化之一端。

这就将教化扩展到了案外百姓，无异于上了一堂生动的法治公开课。

法官者，适法之官也。所以，最好的教化，是能够熟练地解释法律。解释法律的过程，既是明辨是非的过程，也是说服当事人的过程。范西堂的“漕司送下互争田产”判，涉及亲邻之法的适用。两造之间，一曰应予适用，一曰不应适用。范西堂抓住争议焦点，对亲邻之法的法意进行了精准解读。解释完法意，则是对本案情形的具体分析。到最后，将法意与案情相对照，来了个精辟总结：

墓田之与亲邻两项，俱为当问，然以亲邻者，其意在产业，以墓田者，其意在祖宗。今舍墓田，而主亲邻，是重其所轻，而轻其所重，殊乖法意。

好的法官，都不是只顾当前，一判了之，而是思前虑后，务绝后患。翁浩堂“衣冠之后卖子于非类归宗后责房长收养”判，就是在案件已结之后，又发挥了司法裁判的延伸功能。判词云：

父子，人伦之大，父老而子不能事，则其罪在子，子幼而父不能养，则其责在父。刘理为衡州知郡孙，有男元老，幼不抚养，而卖与乡民郑七，弃衣冠而服田亩，情亦可怜，此犹可诿也，曰刘理一时为贫之故。已而元老不安于郑七家，逃归本父，刘理固宜复回天理，自子其子矣，乃复以元老卖与程十乙，则其意安在哉？可谓败人伦，灭天理之已甚者！今郑七入词，欲取回元老于已去三年后，此绝无复合之理。元老宦裔，郑七农夫，非我族类，其心必异，不应更来识认。刘理两将元老卖弄，为父不父，本合勘杖，且与从荫，决小杖二十。元老牒押往族长刘万二宣教宅，听从收养。观此子情貌奸狡，兼所习已乖，请万二宣教严与钤束，庶免堕落下流，为衣冠之玷，亦一美事。

在这个案件中，翁浩堂将一个两次被生父卖掉的弃子判与族长刘万二刘宣教收养。判决之后，他又不禁打量起这个弃子的相貌，认为他“情貌奸狡”，再加上他已经沾染恶习，于是请万二宣教从严管教约束，避免使其堕落为卑鄙之徒，其“帮教”“问题少年”的用心跃然纸上。余音袅袅，韵味悠长。

好像在听一个邻街故事

我们总是说，裁判文书要说理。说什么理？《最高人民法院关于加强和规范裁判文书释法说理的指导意见》第二条将其概括为事理、法理和情理。意见是这样要求的：

> 裁判文书释法说理，要阐明事理，说明裁判所认定的案件事实及其根据和理由，展示案件事实认定的客观性、公正性和准确性；要释明法理，说明裁判所依据的

法律规范以及适用法律规范的理由；要讲明情理，体现法理情相协调，符合社会主流价值观。

我们首先就说说“事理”。裁判是“以事实为根据”的，所以，把事实表述好，把事理说明白，是正确适用法律、作出公正裁判的基础。

前香港大学教授彼得·威斯莱－史密斯在谈到案件事实与判决理由的关系时曾说：“理由应根据案件的具体及有关的事实。”他进一步强调：“在这一过程中的很多不确定性，都出自下面两点：第一点是需要确定哪些事实，可以被认为是具体的；第二点是怎样地来最好地说明这些具体事实。”他以一个著名的例子来说明如何做到上述两点。这个例子就是在很多场合被作为经典的“姜味啤酒中的蜗牛案（Donoghue v. Stevenson，1932，A.C.562）”。具体案情是这样的：一个人喝了一瓶被腐烂了的蜗牛污染了的姜味啤酒，因而精神和身体都不适，污染是因为制造商的粗心（或者疏忽）。法院认为，制造商必须负责赔偿消费者所受的损害。

在这一简短的叙述中，有许许多多的事实被省略掉了，因为这些事实似乎是不相干的，比如消费者头发的颜色，在喝姜味啤酒时，是一天中的什么时间以及消费者的性别，等等。这些看来似乎都是不相干的。为什么不相干？一句话是说不清楚的。比如说要追究因疏忽造成的责任却要依赖一个人头发的颜色，这肯定是令人感到莫名其妙的。

很显然，彼得·威斯莱－史密斯已经回答了上述第一个问题，也就是需要确定哪些事实，他的答案是——学会省略一些不相干的事实。这一观点不仅仅是普通法系所强调的，大陆法系更是如此。例如德国《民事诉讼法典》第三百一十三条第三款规定："裁判理由项下，应简略地、扼要地记载从事实和法律两方面所依据的论据。"至于第二个问题——怎样地来最好地说明这些具体事实，彼得·威斯莱－史密斯给出的答案是：要把这些事实尽可能地抽象化。他是这样说的：

> 在某种程度上，我已经把这一案的某些事实概括出来了，或者说，把这些事实尽可能抽象地写了出来。我提到的是一个制造商，不是苏格兰的斯蒂文森先生（Mr. Stevenson）；我说的是一个消费者，而不是多诺休小姐（Ms Donoghue）。我很明确地说明，这是一种姜味啤酒饮料，被一个蜗牛污染了——但是，我甚至更加明确地、详细地说明，那是一种被一种特殊品种蜗牛污染了的姜味啤酒饮料。我还更加概括性地列出了这样一些事实，虽不那么明确：使消费者受害的，是一种软质饮料，或一种饮料，或者要消费的一种东西，而且，这一饮料是被一个死了的动物给弄坏的。我对这些具体事实是怎样感受的和我是怎样抽象地表达这些事实的，将会对我从这一案件中引用的法律原则，发生强烈的影响。

总之，对于案件事实的叙述，抽象化程度越高，越能匹配所能适用的法律，这是因为，“法律应该提供一般的行为标准，而不是为某一特殊个人规定细节的指令。”舍不得省略那些不相干的细节，不仅会成为篇幅上的累赘，还会影响尽快地、准确地寻找到能够匹配的法律。

古来高手，从来不是为了叙述事实而叙述事实，而是在事实当中嵌入许多“伏脉”，换句话说，事实当中的每一个细节随后都是能派上用场的。且以端午桥的“改嫁还聘判”为例。端午桥，即曾摄湖广总督和两江总督，生涯末年又授四川总督、率兵入川镇压保路运动的“满洲才子”端方。这个案件的案情是这样的：“彭君亮之子聘定周根云之女为妻。未及成亲，君亮挈子赴日本经商。一去六年，杳无音信。根云遂将女改嫁于郭少溪。阅二年，生子已周岁。忽然君亮挈子归里，定期迎娶，而媳妇早已改嫁矣。君亮遂赴县禀控。县令以周氏女断归君亮之子。郭少溪不服，赴午桥案下上控，得胜诉。”端午桥的判词极其简练，只得两段，然要素无缺，情理均备，辞文蕴藉，颇可玩赏。开篇乃先由案情切入：

讯得周根云之女，先与彭君亮之子订婚，收过聘礼四十金，金约指、小银锭各一具。旋因君亮挈子远出经商，六年绝无音信往来。根云只道其子已亡，遂将女改嫁于郭少溪，业已生子周岁矣。而彭君亮忽然挈子归里，定期迎娶无着，赴县控诉。

这段案情叙述，于来龙去脉之交待，何其简当清楚。犹可玩味的是，于简当之中，还句句有伏脉在内，实为稍后的裁断打下了诸多伏笔。“远出经商，六年绝无音信往来”，道出周氏父女不能再等之合乎情理；“只道其子已亡”，暗指周家改嫁他人乃虑有所出，绝无贪财别恋之孟浪；“业已生子周岁矣”，则为此后“使夫妻母子，顷刻分离”这一主要改判理由的前奏；至于详列聘礼，不厌其烦，更是改判解除婚约之必要事实根据。观经典以视己，叹后来之不如昔。盖长篇累牍，竟致不知所云；惜字如金，反倒字字是金。不由感喟，叙述事实，其亦大有学问矣！

下面紧接着，是对原审的评判：

赵令拘泥彭姓礼聘在先，将周氏断归彭姓为妇。使夫妻母子，顷刻分离。而周氏则两地蒙羞，离郭门则为失节，入彭门则为不贞。按诸良心，殊觉不安。差幸周氏未入彭门，尚在母家，否则失节败名之罪，赵令实尸其咎。

这一节，就是在阐述“事理”，方方面面，道出原判之何以“拘泥”；“实尸其咎”，话说得也毫不客气。并且，这句话也是在为判决主文“赵令记大过二次”预先说明理由。而对于周氏“两地蒙羞”的顾念，极富仁恕与体恤；“差幸周氏未入彭门，尚在母家”，也是点明尚能废掉原判的事实基础——否则，即便予以改判，遂女心愿，也已造成令其“失节败名”的后果。这诸般考虑，事实上也艺术地诠释了何之谓“不拘泥”。可以说，每一句都不是可有可无，每一句都是大有深意。

美国联邦最高法院关于密歇根州诉费舍尔案的判决书，也体现出梳理事实是为结论埋下伏笔的特点。这件文书开头就是对于案情的叙述：

警方接到密歇根州布朗斯镇艾伦路附近的一项骚扰投诉后赶赴现场。克里斯托弗·古尔斯比警官后来作证说，当他和他的同事刚进入事发地区时，一对夫妇（向他们）指着一处住所，说那边有个人“发疯了”。他们抵达后，发现这户住宅的情形相当混乱：车道上的卡车前部被砸毁，沿着住宅边的栅栏柱也被损坏，房子的窗户有三处破碎，碎玻璃散落一地。警官们还注意到卡车车盖、车里的衣服上以及住宅的一个门上有血迹。（他们是否一到达房子就注意到这些尚存争议，但是没有争议的是他们在涉嫌违宪进入住宅之前，就注意到了以上情况。）透过窗户，警官们可以看到被告杰里米·费舍尔在房子里，一边尖叫着一边摔东西。（房子的）后门被锁，前门被一个沙发挡住。

警官们敲门，费舍尔不予理睬。他们看到费舍尔手上有一处伤口，并问他是否需要就医。费舍尔无视这些询问，谩骂着要求警官们先去取搜查令。于是古尔斯比警官将前门推开一半，冒险进入屋内。通过这扇门的窗户，他看到费舍尔正拿着一支长枪指着他。古尔斯比警官退出房屋。

这种叙述事实的方式，看似不经意，其实处处都在为后面的裁判理由埋下伏笔。判决显示，“根据密歇根州法律，费舍尔被控意图使用危险性武器攻击他人和在重罪犯罪过程中持有枪支。”但是问题来了——“一审法院认为古尔斯比警官进入费舍尔的住所，违反了《美国联邦宪法》第四修正案，因而准许费舍尔的请求，排除因违宪行为而获得的非法证据，即古尔斯比警官关于费舍尔拿步枪指着他的陈述。”前边这段叙述中对于古尔斯比警官进入费舍尔房间的整个过程的细节描写，处处都是作出相应法律定性的有用信息。接下来，这份判决对于裁判过程的叙述同样非常明白晓畅：

> 密歇根州上诉法院起初发回一审法院，让一审法院举行听证会，听证会结束后一审法院维持其原判决。上诉法院随后维持了一审法院的决定，法官塔尔博特持不同意见。密歇根州最高法院起初准许了上诉申请，但是

在庭辩之后，撤销了之前的决定并拒绝了上诉申请。然而州最高法院的三位大法官持不同意见，他们认为应该准许上诉申请，并以上诉法院错误适用第四修正案为由改判。因为密歇根州上诉法院的决定确实违反了本院第四修正案的判例法，特别是布里格姆城诉斯图尔特案，所以我们准予密歇根州提出的调卷申请。

即使是诉讼过程的叙述，也有个用心不用心的问题。用心了，读起来省时省力、一清二楚；不用心，一味粘贴，术语文号满天飞，不独长篇累牍，也让人摸不着头脑。

叙述事实应当尽可能简洁，但这丝毫不影响它可以生动。你们很多人可能都读过丹宁勋爵的判决，他那种像小故事一样的叙事风格肯定给你留下了深刻印象。他曾说："每个案子都是一个小故事。它们不是虚构的，是真实的，都是有证据的。"至于为什么要以讲故事的方式呈现，他这样解释："当事人是带着活生生的问题来到法庭的。我也要使我的判决生动一些，这样不仅当事人容易懂，而且其他听审的人也容易懂。"我们来品评一篇他的判决，案件全称叫作“王国政府诉班斯里市政府，由胡克起诉案”，我们还是把它简称为胡克案。

> 对一些人来说，这也许是个小问题，但对胡克先生来说，它却非常重要。胡克先生是班斯里市场上的摊贩。他在那个市场做买卖已经六年了，从来没人对他有什么抱怨；然而现在他被终身禁止在市场上做买卖。所有这一切都是因为一件小事情。

开头的这段话，按照丹宁勋爵的定义，是一个“开场白”。他曾经这样介绍“开场白”的功能：“我的判决书，开始有一个开场白——就好像莎士比亚戏剧前面的合唱——用来介绍案情的大概。”这短短的几行文字，交待了好几个重要元素：主人公胡克；他的身份是摊贩；他在那个市场做买卖已经很长时间而且表现不错；他摊上事了，后果很严重。那么，这一切又是因为一件什么小事情呢？读者自然被判决书吸引着进入下面具体的案情。

1974年10月16日，星期三，市场在五点三十分关门了。市场里的厕所也关了，门被锁了起来。四十五分钟以后，也就是在六点二十分，哈里·胡克先生急着要解手，他就到市场附近的马路边撒尿。当时除了一两名打扫卫生的市政府雇员外没有别的人。他们训斥了他，没人告诉我们保安实际上说了些什么，我想他们用的是摊贩听得懂的语言。哈里·胡克做了一种适当的回答，也没人告诉我们他对保安说了些什么，但这是不难猜到的。我想他是说了一句语气很重的话“滚开”。不管怎么说，保安说他骂了他。用试金石的话来说，保安是“粗暴的回答”，而哈里·胡克是“挑衅的反击”。

星期四的早上，保安报告了这件事。市场管理员认为这是个严重的问题。所以在第二天，也就是10月18日星期五，他找到了胡克先生。胡克先生承认有这么一回事，还说他对发生的事情感到很抱歉。市场管理员认为这件事情不能完。他把这件事报告给了市政府的礼仪委员会主席。他说主席同意“应该保证那名工作人员不受这种辱骂”。就在那天，市场管理员给胡克先生写了一封信，禁止他在市场上摆摊……所以胡克先生是从10月8日星期五被终身禁止在市场上摆摊的……

这两段案情的叙述，跟我们惯常见到的“本院查明”完全是两回事。可以说，我们就好像在听一个邻街故事。事实上，丹宁勋爵确实一直致力于撰写“像小故事一样的判决书”。在他的故事中，看不到那些一组一组的甚至加上编码的枯燥无趣的证据的堆积。固然，他的叙述“都是有证据的”，但这些证据都经过了他的“幕后处理”。就如同化身在果汁里的水果——我们喝的分明是水果，却一点儿也看不见水果的踪影。

讲故事终究不是判决书的终极使命。所以丹宁说：“我开始先讲事实，然后分清是非曲直，最后指明达到一种公正结果的办法。”“分清是非曲直”的过程就是论证的过程，但丹宁的论证一点儿也不玄奥，老百姓依然听得懂。“听众听不懂你的话总不是一件好事。我总是尽一切努力把我的意思讲清楚，不模棱两可，也不支支吾吾。”我们也知道，普通法系的法官平常都要在判决书中引证先例，我就见到过一些动辄上百页的判决，里面充斥着让人头昏脑涨的先例。丹宁不这样，他说：“我有时也要引证以前的判例——我不得不这样做——因为我知道一些人不太容易接受我的意见，除非这些意见能在书本上得到证明。不过我从不长篇大论地引证。我只引用一两句话。”

在“Z有限公司诉A–Z和AA–LL案”中，就可以找到这种“只引用一两句话”的例子：“你们也许会问，假设被告控告银行拒兑支票，银行将怎么回答呢？我认为，玛利瓦禁制令已经使银行兑现支票成为非法。‘很简单，规定做不合法的事情的合同无法律效力。不做法律所禁止做的事情不能视为违约’。见《丹尼·莫特和迪克森有限公司诉詹姆斯·B·弗雷瑟兄弟公司案》。”这当中，“很简单，规定做不合法的事情的合同无法律效力。不做法律所禁止做的事情不能视为违约”，就是从先例判决中引用的话。这一两句话已经足以说明问题了，还需要再引用更多吗？而在胡克案中，丹宁甚至都没有引证什么先例。他在集中探讨自然公正原则——这对于本案非常重要——但他的论证一点儿法律的行话都没有，我们就好像接着在听那个邻街故事：

> 现在的法律规定，摊贩必须得到市场所有人的许可方可开始经营。但是一旦他在市场建立了自己的摊位，那么只要他交摊位费，他就有权在市场把摊位一直摆下去。除非有正当的理由，否则不得将他轰出去，这才是符合自然公正的规定的。我不在乎市场所有人是在行使一种司法职能还是行使一种行政职能。一名摊贩为了生计要依赖这一权利，除非有正当理由而且符合自然公正的原则，否则不能剥夺他的这一权利。
>
> 所以对那个委员会来说，举行听证会是完全正确的……但是我认为每次听证会都是有缺点的，这个缺点就是市场管理员一直在场。他是提供证据的人——而且是唯一提供证据的人——他提供的证据是听说的证据。他的证据是私下向委员会提供的，不是当着胡克先生或他的代理人的面提供的。胡克本人没有在房间。而且在委员会讨论这个案子并做出决定的时候，市场管理员一

直在那里。在他们商议过程中他一直在场，这是程序上的一个缺陷。一个是起诉人的人在审判委员会商议过程中一直在场，这是不符合自然公正原则的……

我自己在裁判当中用力最多的就是解释法律、阐述法律原则，但跟丹宁相比，用的专业术语还是太多了。法学方面有许多专业的术语，这些术语对于普通老百姓来说无异于天书。对于法科学生来讲，情况也未见得能好到哪里去。丹宁说，在牛津大学念书的时候，很多门课程他都得了A，只有一门得了很低的C，那就是法理学。他说："法理学是门很抽象的课程，我不太喜欢……我常常弄不懂法哲学的那些深奥的术语。"也多亏了他当年没弄懂，所以我们在他的判决书里就很少遇见这类拦路虎。当然，丹宁的话也不能全信。作为一个享誉全球的法官和法学家，他的法学造诣绝对不是盖的。他的高明之处在于能够深入浅出，——一方面能够吃透法律的精神，另一方面又能够以老百姓听得懂的话表达出来。所以，前面这两段对于自然公正原则的阐述，根本见不到术语的展示，而是“除非有正当的理由，否则不得将他轰出去”这种形象的说法。

丹宁说：“我在最后总有一个结论，就像莎士比亚戏剧中的尾声合唱。在这个结论中，我把几股绳攥在一起，然后给出一个结果。我从来不说：‘很抱歉，我得出了这个结论，但我没有别的选择。’根据我的哲学，总是有一个可以实现公正的选择的。”那么我们就看看在胡克案的结论中，他给出了一个什么结果：

> ……在本案中也是如此，如果胡克先生行为失当，我认为正确的做法应该是根据规定把他带到保安面前，对他处以小额罚款。班斯里市政府对他处以重罚，剥夺他的生计的做法是完全错误的。这比保安能够做出的处罚严重多了。他是一个好人，不应该受到这样的处罚。别的理由不谈，仅仅根据这个理由，班斯里市政府的这个决定就是站不住脚的。据说这是一个行政决定，但是即使是行政决定，法庭也有取消它的司法权力。调卷令不仅可以取消司法决定，也可以取消行政决定。

确实旗帜鲜明，一点儿也不模棱两可、支支吾吾。不仅给出了公正的结果，而且又将给出这样一个结果的理由再次清晰地强调了一番。这个理由虽然看似家常话，其实却暗含着行政法上一个重要原则——比例原则。如果照抄学理上的表述方法，恐怕很多人不见得能够明白，而结合具体案情，用朴素的语言去把它说出来，效果绝对不一样。

引律入题，准法析理

说过了“事理”，接着要说说“法理”。《最高人民法院关于加强和规范裁判文书释法说理的指导意见》第二条对“法理”的要求是：“要释明法理，说明裁判所依据的法律规范以及适用法律规范的理由。”释明法理，这是每一个法官都逃避不了的工作，也是每一个法官都要掌握的技能。正如丹宁勋爵说的那样：“提交到法院审理的案子有百分之九十都有赖于对法律的解释。”怎样解释法律？拘泥于文字，即按照文字的语法和一般含义来解释法律，肯定很容易，但只要你试过手，你就会知道现实情况远不是这么简单。法条是简单的，案情是复杂的。“文字是死的，精神是活的。”通常，一个有经验的法官会这样展开他的释法工作：“探求条款的词句，如果条款是明白的并且涵盖了当下的情况，就不需要走得更远。但是当条款模糊不清或有疑问时，法官就不能止步于条款的词句。他们求助于他们面前的每一个方向。他们把立法看作一个整体。他们研究导致立法产生的社会条件。他们研究通过这一条款所要纠正的损害。他们研究‘事实的源体’。他们利用所有的立法援助。靠这种办法他们弄明白了许多不清楚的、模糊的或有疑问的事情。”

解释法律的成功范例，在各个国家都能找到很多，我们随手拿出一个卡多佐的裁判。新泽西州有一部制定法规定，如果铁路公司设立警示牌，禁止乘客走到车厢入口的平台，那么，在运行期间因违反这一禁令而受伤的乘客不能得到赔偿。有一位叫作 Kettell 的乘客，在到站消息宣布后、在列车因进站而减速后走到该平台。列车停车前突然剧烈晃动，使该乘客从平台掉下而受伤。初审法官根据上述制定法判铁路公司胜诉，因为铁路公司已设立警示牌，禁止在列车停稳前走向平台。案件上诉后，卡多佐提交了一份备忘录，设法从实际情况出发而不是按字面解释法律。他写道：

> 我在任何时候都不能相信立法机关有意让乘客留在座位上，直到列车处于字面上的静止状态。这些规则在实际操作中并不是这样实施的。做不到“手脚麻利”的乘客会被拉过站的。铁路公司雇员、司闸员、乘警没有关上门，没有警告乘客离开。让一声不响的警示牌约束乘客，等于把制定法当成压制与不义的工具。

我们一方面感叹卡多佐恰如其分的法律解释方法，同时也感叹他在解释法律时所使用的那种接地气的、家常话一样的语言。但是，西方的例子我不想再举下去了，因为我们自己就有一座宝库，只是这宝库尘封太久，很少有人进去过了。我说的是南宋。听到此言，可能有人会心生质疑：古代中国也依法办案吗？这个疑问不是空穴来风，因为很多人心中都是有这个疑问的。日本一位著名法史学家滋贺秀三就曾发出不屑之论："所有的判断，从来不是国法解释导出的结果，法令条文也没有一一用来严格地规范审判活动。"他还强调，这样一种性质，可以一直上溯到春秋时期，延展于"汉代以后二千年现实"。

滋贺秀三的话让我想起同样是日本人的大木雅夫的一个生动比喻："假如站在北极点，看到的所有一切就成了南极。"这话当然不是专门冲滋贺说的，但另外一位日本人却真的直接对滋贺的观点表达了异见，他叫佐立治人，他所依据的材料是《名公书判清明集》。我曾经熟读此书，与佐立治人的感受大致相同：至少在南宋，还是非常讲法的，"一准乎法"不仅成为司法裁判的普遍做法，就是那"引律入题，准法析理"的功夫，也达到了一个相当高的水准。

这一现象，其实有不少人已经注意到了。例如，英国学者马若斐（Geoffrey MacCormack）在《南宋时期的司法推理》一文中就说：“《清明集》中出现了大量的援引法律的情形。”有人甚至还对援引法律的次数和被援引的法律的条数做过精准统计。我这里无意罗列数字，只抄一节范西堂的“冒官借补权摄不法”判，给大家一个直观感受。在这个案件中，叶承信等人冒官借补，权摄不法，犯有多项罪行，在对诸犯罪事实一一罗列之后，范西堂一连引用了六个法律条款，以作裁判依据：

> 准法：诸诈冒荫补者徒三年，伪妄出官减二等。又法：诸因进纳及阵亡换纳补受，不理选限，将仕郎差权摄职事及被差者各以违制论。又法：诸诈欺官司，以取财物，赃五十疋，命官将校奏裁，余配本城。又法：诸县令阙，辄差寄居、待阙官权摄并授差者，并以违制论，而因收受供给坐。又法：诸添差官违令兼权职事，计所请俸给坐赃论。又法：诸摄州助教犯公罪流，私罪徒，追毁补授文书，勑授者批毁申纳。

大量地援引法律，自然依赖于雄厚的制定法基础。

关于宋代立法之发达，我曾在别的文章中述及，这里不再重复。要说的是，有法可依是一回事，有法必依是另一回事。是否能够“一准乎法”，终究取决于对于法律的态度。近人徐道邻说宋朝：“这是中国过去最讲究法律的一个朝代。”“讲究”这个词，非常传神，道出了一种信仰、一种坚守。事实上，《清明集》里的名公们，也确实不吝再三再四地表达对于法意的尊崇。“法令昭然，有如日星。”“三尺具存，自当施行。”这类格言在《清明集》中俯拾即是。

不少判词，开宗明义就是一番奉法宣示。例如胡石壁“质库利息与私债不同”判开头即云：“大凡官厅财物勾加之讼，考察虚实，则凭文书，剖判曲直，则依条法。舍此而臆决焉，则难乎片言折狱矣。”对比汉代董仲舒们的“春秋折狱”，这种变迁可谓巨大。为什么会有这种变迁？礼法合一已然完成自是因素之一，宋代的司法专业化程度也是另一个因素。还有一个因素，就是文体的变迁。在整个有唐一代和宋朝初年，判词基本以骈俪为体，这种太过工整的文体，一定程度上限制了“引律入题”。北宋中叶以迄南宋，判词文体一变而为散判，在获得解放的自由文体之下，对于法律问题的解释，也更能游刃有余，收放自如。这一现象也说明，形式与内容，并不是能够完全割裂开来的东西。

我们还是以方秋崖的一篇“契约不明，钱主或业主亡者不应受理”判为例，看看宋代法官准法析理的功夫：

> 读刑臺台判，洞烛物情，亦既以郑氏为不直矣。然郑氏非，则汤氏是，二者必居一，于此而两不然之，举而归之学官，此汤执中之所以不已于讼也。披阅两契，则字迹不同，四至不同，诸人押字又不同，真有如刑臺之所疑者，谓之契约不明可也。在法：契要不明，过二十年，钱主或业主亡者，不得受理。此盖两条也。谓如过二十年不得受理，以其久而无词也，此一条也。而世人引法，并二者以为一，失法意矣！今此之讼，虽未及二十年，而李孟传者久已死，则契之真伪，谁实证之，是不应受理也。合照不应受理之条，抹契附案，给据送学管业。申部照会。

这个判词主要聚焦案件应否受理问题。方秋崖先对涉案两个契约进行披阅，认定“字迹不同，四至不同，诸人押字又不同”，所以构成“契约不明”。接着引出法律规定：“契要不明，过二十年，钱主或业主亡者，不得受理。”但是，对于这个法律条文如何理解，出现了争议。有人说，这是一条，亦即在契要不明的情况下，还需同时满足两个条件，才能不予受理：一是“过二十年”，二是“钱主或业主亡者”。但方秋崖并不这么认为，他对法律的解释是：“此盖两条也。”意思是说，只要具备其中一种情形，就应当不予受理。他并且对如此理解的理由进行了说明。“谓如过二十年不得受理，以其久而无词也”，也就是超过了时效；“钱主或业主亡”呢？“则契之真伪，谁实证之”。所以，方秋崖说：“世人引法，并二者以为一，失法意矣！”解释完法意，则是将案件事实归属到特定法规范的构成要件之下——“今此之讼，虽未及二十年，而李孟传者久已死，则契之真伪，谁实证之，是不应受理也。”最后是裁判主文：“合照不应受理之条，抹契附案，给据送学管业。”

古代也有审级之分，上级司法机关的判词有时也会针对原审“执法而不详其意”的问题阐述法意。例如胡石壁在“禁步内如非己业只不得再安坟墓起造垦种听从其便”判中，对推官和知县对于法意的理解看似正确但实则错误的问题进行了辨析。从中可以看出法律解释的系统思维，对于我们二审和再审裁判的撰写也颇有参考借鉴价值。

详阅案卷，知县所判，推官所断，于法意皆似是而非。推官所引之法曰：诸典卖田宅，四邻所至有本宗缌麻以上亲，其墓田相去百步内者，以帐取问。李细五于黎友宁所买李二姑陆地，系是墓邻，合听李细五执赎，其说固是矣。然在法：典卖田宅满三年，而诉以应问邻而不问者，不得受理。黎友宁买系在嘉熙二年之春，李细五入词系在淳祐二年之秋，相去凡隔五年，虽曰有邻，已不在受理之限。而知县所引之法则又曰：典卖众分田宅私辄费用者，准分法追还，令元典卖人还价；即典卖满十年者免追，止偿其价；过十年，典卖人死，或已二十年，各不在论理之限。若墓田，虽在限外，听有分人理认，钱业各还主；典卖人已死，价钱不追。遂判令李细五于限外执赎。其说尤为鲁莽，盖其法中明言，典卖众分田宅私辄费用者，则是指未分之产业，已分则不可言众分矣。又言听有分人理认，则是指众分之中有分者，已分则各有所主，众人不复得为有分矣。今此地李氏祖业，然李二姑之父李彦椹于宝庆二年已拨与女作随嫁资，如此则是分析日久，即非众分之业，李细五安得为有分之人？执法而不详其意，宜乎黎友宁之不伏退业也。

一般来讲，适用法律应当“照条施行”，这是法治的基本要求。但在某些情况下，适当变通适用也是需要，尤其是在涉及家庭私事的场合。“虽非法意”，却最终符合法治的根本目的。如佚名“熊邦兄弟与阿甘互争财产”判：

熊赈元生三子，长曰邦，次曰贤，幼曰资。熊资身死，其妻阿甘已行改嫁，惟存室女一人，户有田三百五十把。

当元以其价钱不满三百贯，从条尽给付女承分。未及毕姻，女复身故。今二兄争以其子立嗣，而阿甘又谓内田百把系自置买，亦欲求分。立嗣之说，名虽为弟，志在得田。后来续买，亦非阿甘可以自随。律之以法，尽合没官，纵是立嗣，不出生前，亦于绝家财产只应给四分之一。今官司不欲例行籍没，仰除见钱十贯足埋葬女外，余田均作三分，各给其一。此非法意，但官司从厚，听自抛拈。如有互争，却当照条施行。

对于这个案件，法官清楚地认识到，名为立嗣之争，实质是志在得田。因此，并没有严格依照法律规定将诉争财产全部没收入官，而是“官司从厚，听自抛拈”，裁定除现钱十贯用于安葬亡女外，其余田产平均分作三份，让死去幼弟的两个哥哥和改嫁的妻子各得一份。虽然并非法意，却也各得其所。这样的变通适用，并未减损私人一方的利益，在各方当事人之间也尽可能做到了分配公允，有利于平息互争。

《清明集》还给我们以这样的启发——如果援引法

条的方法能够更加灵活、详略有致，能够做到与事实论理不相区隔、水乳交融，还可大大提升判词的修辞效果，使其顿生一气呵成、浑然天成之感。我们且以范西堂所作“游成讼游洪父抵当田产”判为例：

准法：应交易田宅，过三年而论有利债负准折，官司并不得受理。又准法：应交易田宅，并要离业，虽割零典卖，亦不得自佃赁。游朝将田一亩、住基五十九步出卖与游洪父，价钱十贯，系在嘉定十年，印契亦隔一年有半。今朝已死，其子游成辄以当来抵当为词。契头亡没，又在三年之外，岂应更有受理？且乡人违法抵当，亦诚有之，皆依典契立文。今游朝之契系是永卖，游成供状亦谓元作卖契抵当，安有既立卖约，而谓之抵当之理？只缘当来不曾交业，彼此违法，以致互争。今岁收禾，且随宜均分，当厅就勒游成退佃，仰游洪父照契为业，别招人耕作。

在这篇判词中，开首连续两个“准法”，显示出宋代判词已经以“律例出发型”取代了唐以前较为流行的“经义出发型”。而两个“准法”，又均极简练，不仅重点突出，语气亦甚流畅。法律规范基础既定，紧跟着就是叙述本案具体事实，人物（游朝及其子游成与游洪父）、案由（出卖田和住基）、时间（嘉定十年）、诉由（今朝已死，其子游成辄以当来抵当为词），样样洗练清晰，而又系不可或缺的重要法律事实。接下来，就是将本案事实归入法律规范：“契头亡没，又在三年之外，岂应更有受理？”这是程序层面；实体层面，则通过解释契约、分析供状，得出“安有既立卖约，而谓之抵当之理？”归入的过程，即是说理的过程。不仅如此，还以一句“只缘当来不曾交业，彼此违法，以致互争”，点出了争议所由产生的实质。最后的判决主文，更是明确具体，考虑周至，不仅对一方“退佃”、一方“照契为业”作出裁断，而且还对“今岁收禾，且随宜均分”以及“别招人耕作”这类细节问题也一一作出安排。环环相扣，密不透风。法意昭然，情理俱在。其文笔之朴实隽永，即使放到宋人小品当中，也属上乘。

英国学者马若斐（Geoffrey MacCormack）在《南宋时期的司法推理》一文中，也注意到《清明集》在援引法律方面的多彩多姿，他是这样评价的：

> 《清明集》中出现了大量的援引法律的情形，但援引的方式和目的则因人因事而异。有时是毫无删节的具体援引法条原文，有时是将法条概括后再加以援引，有时则干脆不引法条，只是粗略地指出依据的出处，比如以“照户婚之法”这样的语句一言以蔽之。援用法律的方式是和援用的目的息息相关的。如果是具体援引条款或者概括后再引，此时法官视援引法条为案件处理的中心环节，除了叙述法条内容之外，一般还会进一步详译其中的法意。他需要针对具体案情适用法律并作出判决，在特定的案件中，他还需对为何适用此条而不适用彼条作一个说明。如果只是粗略地指出依据的出处，法官只是意在表示他是援法断案的，而法律规定本身却并非其案件考虑的关键。

如今我们写判决，几乎没有不援引法律的时候，但在援引方式上，一般都非常刻板。复制粘贴，黑压压一片，既无剪裁，又无解说，以为法就在这儿，无容争辩。这恐怕也是裁判文书给人以“不说理”印象的重要因素。正如王泽鉴先生在《民法学说与判例研究》中所说的：“判决理由简略，法理铺叙未详，置当事人之论点于不顾，则胜诉者，有侥幸之感；败诉者，心有难服之处。”其实，所谓“说理”，其“理”不只为“情理”，首先应是“法理”，以及具体将“法理”适用于个案事实的“推理”。因此第一要做的就是把“法理”讲清楚。法意为何？缘何适用？抑或不用？不是简单地把法条照抄下来就能不言自明的。多说几句，可以令人“知其然，亦知其所以然”。不仅可以打消当事人的误解，抑且具有教谕功能。

打官司就是打证据

常言说：打官司就是打证据，证据对于裁判的重要性不言而喻。但在裁判文书中如何写证据，却是一个值得研究的问题。常见的做法是，把所有证据都分类标号，子丑寅卯、甲乙丙丁，连篇累牍，照抄不误；对于证据的分析，却常常惜墨如金，甚至付诸阙如。我们说裁判文书越写越长，一味罗列堆积证据怕是一个重要原因；但这种长，实在是长而不当——那些个证据，就如一堆堆没有生命的石头一样，除了添堵，没有任何用处。

我们今天专门谈谈证据的写法，所用的例示，仍以南宋时期形成的古代判词的巅峰之作《名公书判清明集》为主。在说到南宋之前，我们也不妨先简短地往前回溯一番。

说起来，中华传统司法是非常重视证据的，上古文献当中有许多相关记载，例如《周礼·地官·小司徒》载："凡民讼，以地比正之。地讼，以图正之。"意思是说：凡民众有争讼，就依据当地清查的簿册来判决；有关土地的争讼，就依据地图来判决。官府也会要求两造举证，提供不出证据的一方，通常会败诉。例如《左传·襄公十年》就记载了一件"王叔与伯舆"之间的诉讼，范宣子审案时，"使王叔氏与伯舆合要，王叔氏不能举其契。王叔奔晋"。

古代在处理刑事诉讼时，特别注重口供，以至于视口供为"证据之王"。《徐道隣法政文集》曾说："但是有些凶恶硬汉，就是面对着十分齐全的人证物证，也硬不招认，自然不免引起法官光火，用刑拷打，逼他招认，因而也不免常有'屈打成招'的事情发生。"据《史记·张仪列传》记载，战国时的张仪就是这样一个惨遭掠笞也硬不招认的硬汉：

> 张仪已学游说诸侯。尝从楚相饮，已而楚相亡璧，门下意张仪，曰："仪贫无行，必此盗相君之璧。"共执张仪，掠笞数百，不服，醳之。其妻曰："子毋读书游说，安得此辱乎。"张仪谓其妻曰："视吾舌尚在不？"其妻笑曰："舌在也。"仪曰："足矣。"

到了宋朝的时候，司法有了长足进步，不仅刑讯受到严格控制，口供作为"证据之王"的地位也遇到挑战，证人证言、物证、书证、司法检验报告的法律效力开始超过供词。明代张景撰《补疑狱集》里有一篇《邻妇证伪奸》，就可以看出证人证言的作用已是举足轻重：

> 宋景定间，福建张氏遣女。里中有不检少年，闻茶汤担有玻璃杯，先一夕饰为妇人，随女伴入，欲盗之。被执，极其拷掠。有邻妇，每事女沐浴，少年询知女僻处有双

痣相联，赴官陈云："元与女私，前后骗取某物若干。"官追女出对，皆无实状。少年指僻处双痣为证，女愧无辞，验之果然。拟罪将断，邻妇赴官陈告，少年遂伏辜焉。

关于物证，《宋刑统》则规定："若赃状露验，理不可疑，虽不承引，即据状断之。"这说明，物证的作用也超过了口供。书证的发达更是宋朝证据制度的一大特点，这可能得益于土地私有制发展带来的田产所有权的频繁流动，以及商品经济发展带来的物业交易的增加。我们在《清明集》中，频繁见到司法官对于书证的尊崇，例如：吴恕斋在"争田业"判中云："大凡田婚之讼，惟以干照为主。"人境在"物业垂尽卖人故作交加"判中谓："殊不知交易有争，官司定夺，止凭契约。"佚名在"争业以奸事盖其妻"判中称："争业，当论契照先后；争奸，当论踪迹虚实。"胡石壁"质库利息与私债不同"判则说："大凡官厅财物勾加之讼，考察虚实，则凭文书；剖判曲直，则依条法。舍此而臆决焉，则难乎片言折狱矣。"

《洗冤集录》之诞生于南宋，也说明那个时候对于检查、勘验的重视程度。就如宋慈在《洗冤集录》序文中所说："狱事莫重于大辟，大辟莫重于初情，初情莫重于检验。"检验就是为了获取证据，以洗冤泽物，起死回生。宋慈还曾自谓："慈四叨臬寄，他无寸长，独于狱案审之又审，不敢萌一毫慢易心。"审之又审，就体现在"重证据实"。在他担任湖南提点刑狱时，遇到一个"累次追查不到"的恶棍，名叫杨子高。杨子高暴于虎狼，恶贯满盈，宋慈早就想置之死地而后快，但在办案时仍然坚持用证据说话。他在判词中这样说：

> 然而殴死人力，犹须见证追会，旁夺田产，亦要干证索齐。至如假官一节，索到告身批书，皆是揩洗书填，难掩踪迹，唤取前项书铺辨验，造伪晓然。

书铺，可不是卖书的铺子，而是为当事人代写各种书状的专门机构，除此之外，书铺还扮演者鉴定、公证的角色，经常协助官府鉴别辨验契约、婚帖、印记、告身批书等各种书证的真伪。在《清明集》中，可以随处找到这种例子。例如吴恕斋“孤女赎父田”判云：“切惟官司理断典卖田地之讼，法当以契书为主，而所执契书又当明辨其真伪，则无遁情。惟本县但以契书为可凭，而不知契之真伪尤当辨，此所以固士壬执留之心，而激应龙纷纭之争也。今索到戴士壬原典卖俞梁田契，唤上书铺，当厅辨验，典于开禧，卖于绍定，俞梁书押，夐出两手，笔迹显然。典契是真，卖契是伪，三尺童子不可欺也。”

日积月累，司法官也练就了一番辨别书证真伪的本领，有的判词还对此做过一些系统整理。例如人境在“物业垂尽卖人故作交加”判的开头就说了这样一番话：

> 窃见退败人家，物业垂尽，每于交易立契之时，多用奸谋，规图昏赖，虽系至亲，不暇顾恤。或浓淡其墨迹，或异同其笔画，或隐匿其产数，或变异其土名，或漏落差舛其步亩四至，凡此等类，未易殚数。其得业之人，或亦相信大过，失于点检。及至兴讼，一时官司又但知

有怜贫扶弱之说，不复契勘其真非真是，致定夺不当，词诉不绝，公私被扰，利害非轻。

在另一道“揩改文字”判中，人境更为人们展示了一番分辨真伪的本领：

照得龚敷与游伯熙互争第四十八都第一保承字二百八十七、二百八十八、二百八十九共三号地，两下各执其说，官司初亦未知其谁是谁非。及将本厅出产图簿与两家所执干照参对，得见二百八十七号及二百八十八号地，见系龚敷管佃；二百八十九号地，见系游伯熙管佃。其二百八十七号地计五亩四十五步，其二百八十八号地计四亩一角三十二步，参之官簿，并无毫发差舛。其二百八十九号地，据游伯熙干照内具载，计一十亩五十五步，参之官簿，却只计五亩一十五步。及与之研穷契勘，乃是续于干照内增益亩数，更改字画，浓淡疎密，班班可考。况各人管业年深，前此即无词讼，是则游伯熙用意包占龚敷地段分明。合押两争人到地头，集邻保从公照古来堑界摽迁，付两家管业。今据龚敷所陈，乃称古来活树篱堑，已被游伯熙锄斫，然亦须有锄斫踪迹可考，并仰从公指定摽迁，不得观望。如再惹词诉，定追邻保勘断。

分辨是基础，真伪既明，谁是谁非也就大白于天下。分辨之外，司法官通常还会结合证据进行分析。我们且读一篇吴恕斋的“诉姪盗卖田”判，揣摩一下他是如何进行分析的：

华纲、华纬及其子惟德、惟忠，绍定二年至嘉熙三年，前后十契，将田六亩有奇，正典断卖与陈舜臣为业，并已经官投印。华纲、华纬死，陈舜臣亦死，而华大成者，乃以为故祖华咏遗下未分之田，诉其姪惟忠、惟德瞒昧盗卖与陈舜臣之子可久。县追各人供对，大成则曰：“此系故祖华咏遗下未分之田。”惟德、惟忠则曰：“此系故父华纲、华纬自己分受之田。”官司于此且合追索两家干照，究证是与不是未分之田，则曲直予夺瞭然矣。

吴恕斋首先摆明："官司于此且合追索两家干照，究证是与不是未分之田，则曲直予夺瞭然矣。"接着指出：正是由于县府的原判不以证据说话，"含糊于已分、未分之间，依阿乎有分、无分之说"，才使得两造各存"望蜀之心"与"全璧之意"，最终导致"其讼所以不已也"。不重视证据，则会"是非未明"；不分清是非，则会嚣讼不已。为给县府作出示范，吴恕斋对于关键事实发出一连串疑问，最终的结论是："所合索上究证，则无者不得尽其辞矣。"最后的结果也是一个亮点——考虑到"一一追到府"会给"两争干涉人众"造成烦扰，所以将案件发还富阳县重审，令其五日内"追索干照，从公结绝"。对于证人给予必要的尊重与保护，也是证据制度是否发达的标志之一。

对于证据情伪是否能够剖析到位，直接关系着能否绝词息争；换句话说，对于证据情伪的鞭辟入里的分析，本身就会成为一篇法律关系宣言书。吴恕斋对于此道无疑有着清醒的自觉，他在"王直之朱氏争地"判中说了这样一段话：

此王直之契书也。以两家契书考之，朱氏当尽有桑地，直之仅买得屋基，彼此干照，极是分晓。今直之施王德死后，乃欲于屋基外，冒占朱氏桑地一角，不知何所凭据？若曰缴到施王德原置文霸老契可照，四十余年一幅竹纸，竟不投税，已是难凭。今纵以为可凭，则契内只言“住房基”，即无“桑地一角”四字。但是施王德初典契内平白撰出“桑地”二字，又无亩角四至。续于嘉熙四年闰月，施百二娘断卖于施王德既死之后，又旋添“一角”之语。不知施王德、施百二娘何所据而卖桑地一角，王直之又何所据而买桑地一角乎？盖朱氏桑地，原系施王德承租，及据施百二娘供证，当来止是出卖住屋基地，即不曾滚同桑地卖与直之。此非直之有意贪图，则是施王德盗卖主产，无可言者。今直之不自反其契书之不正，乃推求朱氏契书，谓其不合投税于嘉熙年间，必是假伪。照得朱氏七契，一契印于绍定三年，六契印于嘉熙四年，其印于嘉熙四年者固若可疑，但所置施文霸桑地，其一亩已于绍熙四年经官批上砧基簿，其二亩一角十九步又于庆元五年经官批上砧基簿，又该载嘉定六年分书，并

> 私辄费用者，准分法追还，令原典卖人还价，即满十年者免追，止偿其价。”揆之条法，酌之人情，历年既深，在盛荣只合得价，不应得产。欲帖县，监友闻，先卖契字仍给还友能管业。外所争竹地一段，据盛荣执出分书，委系文旺、文贵各得其半，盛荣即文旺之子，友能即文贵之孙，今友能乃全有之，别无片纸干照，必是影带包占，此盛荣所以反复嚣讼不已也。欲并帖委官，照分书将上件竹地标钉界至，作两分管业，庶几予夺各得其当。如盛荣再敢健讼，照已判断治施行。

虽然有证据清楚说明，盛荣的桑地系友闻盗卖与友能为业，但案件的处理却不是只凭证据说话，还要“揆之条法，酌之人情”，既然“历年既深，在盛荣只合得价，不应得产”。这是吴恕斋对于桑地一段的处理。至于竹地一段，情况则有不同。盛荣一方能够提供当年的分书，委系“各得其半”；友能一方独占竹地，却“别无片纸干照”。因此，盛荣“反复嚣讼不已”，实乃事出有因；友能“必是影带包占”，亦是不言自明。是非既明，合当重新分配，于是乎判决“照分书标钉界至，作两分管业”。真是“予夺各得其当”，读罢大呼过瘾。

大凡法官中的高手，既能认真对待证据，又能在必要时跳出证据。吴恕斋在“兄弟争业”判中说：“官司予夺，若不将两词究竟到底，则无以绝其诬罔之根。”在这个案件中，吴恕斋确实做到了“究竟到底”——将所争赤契逐一从公比对，细如毫发，慧眼辣手，但他又不完全拘泥于证据之中，考虑到争议双方是一对亲兄弟，便从大处着眼，对两兄弟施以教化：“小人为气所使，唯利是趋，所争之田，不满一亩，互争之讼，不止数年，遂使兄弟之义大有所伤而不顾，官司更不早与剖决，则阋墙之祸，何时而已？”

在“士人因奸致争既收坐罪名且寓教诲之意”判中，赵知县也表达了注重教化的倾向。判词开头就讲：“词讼到官，事有关繫，若但剖析曲直，收坐罪名，而不少寓教化之意，非善政也。”在赵知县的心目中，仅仅剖析曲直都不是善政，更何况只是满足于照抄“供对”，因此，在剖析曲直之后，拿出很大篇幅施以教诲。他说的是："婚以礼成，妻由义合，天伦所在，岂容或亏？县令奉为，正救此事。"当然，任何教化之词都应是建立在"供对既明"的基础之上。虽然判词通篇都没有援引具体的"供对"，但那"供对"显然是查明了的，所以判词才说："两造在庭，供对既明，合行予决。"

还有很多判词，干脆直接认定事实，对于具体的供证，只是一笔带过。例如刘后村"妄以弟及弟妇致死诬其叔"判，开头一段这样写：

> 阿周所堕之胎，月数已满，非惊堕也。许千八自以病死，非惊死也。有邻有证，一一分明。许佳为人之侄，辄将弟妇堕胎，妄论叔父许三杰，又敢将自死之弟，重叠诬执叔父，又敢将叔父殴打，验伤有尖物痕，见之县案。

堕胎非惊堕，病死非惊死，又敢将叔父殴打，这些都是案件的关键事实，但刘后村并不将相关证据全盘罗列，只是说："有邻有证，一一分明。"只是说："验伤有尖物痕，见之县案。"证据并非目的，证据只是手段，当证据分明、足以证明事实时，直接叙述事实才是最重要的；至于证据本身，存案备查就是了，跑不了的。这就是古代法官的务实之处，这或许也是古代判词都那么短小隽永的诀窍所在。

问世间情为何物?

我们常常将“天理、国法、人情”挂在嘴边,《最高人民法院关于加强和规范裁判文书释法说理的指导意见》第二条也强调:“要讲明情理,体现法理情相协调。”但你有没有认真想过:国法之外,理当何讲?情为何物?

先来说说“天理”吧。孔子云:“唯天为大。”顾名思义,“天理”就是自然界最大的理,也就是人类无法抗拒、只能顺应的自然规律。老子云,“人法地,地法天,天法道,道法自然”,说的就是这个意思。所以,

“天理”有时也称作“天道”。“天垂象，圣人则之”，人们论证“天道”的目的，在于为“人事”提供效法的模式，所以就有了人间的“国法”。就像朱熹所说：“法者，天下之理。”世界的本原是“理”，法律也是“理”的体现。“国法”源于“天理”，自不能有悖于“天理”，其目标一脉相承。

但在古代中国，“天下之理”并非只是一个“法”，中国传统法是“礼”与“法”的共同体。在儒家看来，“礼”就是广义的法，“律”也是受其支配的。可以说，礼和法共同构成人间的“理”，就像《乐记》所说：“礼也者，理之不可易者也。”朱熹也把“礼”、“法”与“理”相提并论，他说：“礼字、法字实理字，日月寒暑往来屈伸之常理，事物当然之理。”至于礼和法的关系，自古便主张“礼主刑辅”“礼本刑用”，而这一观念其实也是“则天象地”而来，一如《唐律疏议》所说：“德礼为政教之本，刑罚为政教之用。犹昏晓阳秋相须而成者也。”

虽说礼是中国传统法的灵魂，但礼的含义却包罗万象。究竟什么是礼？法史学家指出："简单地说，礼所追求和提倡的是'人伦道德'，也就是直到今天乃至将来，中国人也无法完全割舍的忠、孝、节、义。"在古代判词中，人伦也的确常常和天理一道出现。例如南宋胡颖"子妄以奸妻事污父"判就称黄十为"天理人伦，灭绝尽矣"，而这里所说的"天理人伦"，乃是"父慈子孝"，所谓"父有不慈，子不可以不孝。"胡颖在另一篇"叔父谋吞并幼姪财产"判中也提到了"天理"，判词说："李文孜蕞尔童稚，怙恃俱亡，行道之人，所共怜悯。李细二十三为其叔父，非特略无矜恤之心，又且肆其吞噬之志，以己之子为兄之子，据其田业，毁其室庐，服食器用之资，鸡豚狗彘之畜，毫发丝粟，莫不奄而有之，遂使兄嫂之丧，暴露不得葬，孤遗之侄，逃遁而无所归。其灭绝天理亦甚矣！"这里所说的"天理"，亦是人伦道德，"不孝不友"者也。对于此等"灭绝天理"之举，"若不痛惩，何以诘暴！"但值得注意的是，判决的依据却不是"天理"，而是"国法"：

准敕：诸身死有财产者，男女孤幼，厢耆、邻人不申官抄籍者，杖八十。因致侵欺归隐者，加二等。厢邻不申，尚且如此，况叔侄乎？因致侵欺，尚且如此，况吞并乎？又敕：诸路州县官而咆哮凌忽者，杖一百。凌忽尚且如此，况夺囚乎？又律：诸斗以兵刃斫射人，不着者杖一百。斫射平人，尚且如此，况拒州县所使者乎？合是数罪，委难末减。

所以，即使在“灭绝天理”的情况下，只要有直接的法律依据，也是不须直接援据“天理”判案的。随着以礼入律，礼刑合一，法的规则与礼的教条二者之间水乳交融，天衣无缝，通常情况下，依法裁判也就是依了礼和理。当然，也不排除在法无明文、且无习惯时，依据法理为断。

复杂而不可捉摸的是“人情”。一方面，“人情”在不同语境下有着不同的含义；另一方面，“人情”也是变化不居的，因时而异，因地而异，因案而异。正像庄子所说：“彼亦一是非，此亦一是非。”又如《关尹子》

所云："古今之俗不同，东西南北之俗不同；至于一家一身之善又不同。"所以我们有必要专来说说"人情"，探讨一下"人情"与"国法"究竟是一种什么关系。我所要用的样本，仍是南宋判词《名公书判清明集》。主要是考虑，有宋一代，法律明确要求"官司须具情与法"；司法实践中，司法官亦对"情与法"有着非常精深的体悟。在《清明集》中，随处可见"人情、法理两得其平"的经典裁判。

在宋代司法官眼里，"天理、国法、人情"，"国法"是核心。既然"祖宗立法，参之情理，无不曲尽"，那么也就可以理解为："法意、人情，实同一体"。"人情"不是"国法"的对立面，"一准于法"，也就兼顾了"天理"与"人情"。在《清明集》中，随处可见司法官们对于"法令"的尊崇之词。蔡久轩"莲堂传习妖教"判说："法令所载，昭如日星。"拟笔"命继与立继不同"之"再判"说："法令昭然，有如日星，此州县当奉行。"胡颖"质库利息与私债不同"判说："大凡官厅财物勾加之讼，考察虚实，则凭文书，剖断曲直，则依条法。舍此而臆决焉，则难乎片言折狱矣。”“不当立仆之子”判说：“事既到官，只当以理法处断。”韩似斋“官为区处”判说：“当此之时，为官司者，便当据条任理而行之。”真西山“劝谕事件于后”判说：“如卑幼诉分产不平，固当以法断。”“争田业”判说：“论理婚田，自有年限，金科玉条，凛不可越。”

“人情”不是“私情”，不是“情面”，这也是宋代司法官的鲜明态度。例如真西山在“谕州县官僚”中曾经这样说：

> 公事在官，是非在理，轻重有法，不可以己私而拂公理，亦不可骫公法以狥人情……殊不思是非之不可移者，天理也；轻重之不可逾者，国法也。以是为非，以非为是，则逆乎天理矣！以轻为重，以重为轻，则违乎国法矣！居官临民而逆天理、违国法，于心安乎？雷霆鬼神之诛，金科玉条之禁，其可忽乎？

这里似乎表明，天理是解决是非问题的，国法是解决轻重问题的，而人情不可狗，否则将拂公理、骪公法。在他提到的情理法三者中，只有“人情”一词带有否定意义。而他在“示僚属”中说的一段话，更为清楚地表明，他所反对的“人情”，乃特指“私情”：“本司乃九州刑狱所在，关系非轻，中间外官入佥厅，不知事体，狗人情、坏法度。书信络绎，甚至赍传简牌，入佥厅嘱托讼事，遂使佥厅为市易关节之地。”刘后村“女家已回定帖而翻悔”判也说：“公事到官，有理与法，形势何预焉？”“合与不合成婚，由法不由知县”。范西堂“因奸射射”判则云：“重其所当轻，而轻其所当重，为政如此，非谬而何？守令亲民，动当执法，舍法而参用己意，民何所凭？”既然“人情”不是“私情”，那么，宋代司法官所要考虑的“人情”又是何物呢？又是如何将其与“国法”相互参酌呢？

很多情况下，“情”是一种客观之情，亦即“情节”“情况”。例如在叶岩峰“妄称遗腹以图归宗”判中，陈亚墨声称系孙华遗腹子，“辩说哓哓，非孙华可敌”，法官“切详情节”，查明了真相——原来陈亚墨并非孙华遗腹子，乃系有意设谋，“特以孙华景迫桑榆，只俟瞑目之后，便可妄认归宗，占据产业”。

又有时，“情”是一种主观心理状态，也就是行为人的内心“情状”。在汉代，董仲舒提出的“原心定罪”“原情定过”，就是考察行为人的内在动机。他说：“《春秋》之听狱也，必本其事而原其志。志邪者，不待成；首恶者，罪特重；本直者，其论轻。”“原情”“原心”，并不是废法，相反，却是为了更准确地用法。正如王夫之所说：“原情定罪，而罪有差等；饬法明伦，而法有轻重。”胡颖“因争财而悖其母与兄姑从恕如不悛即追断”判，就运用了“原心”术：

人生天地之间，所以异于禽兽者，谓其知有礼义也。所谓礼义者，无他，只是孝于父母，友于兄弟而已。若于父母则不孝，于兄弟则不友，是亦禽兽而已矣。李三为人之弟而悖其兄，为人之子而悖其母，揆之于法，其罪何可胜诛。但当职务以教化为先，刑罚为后，且原李三之心，亦特因财利之末起纷争之端。小人见利而不见义，此亦其常态耳。恕其既往之愆，开其自新之路，他时心平气定，则天理未必不还，母子兄弟，未必不复如初也。特免断一次。本厢押李三归家，拜谢外婆与母及李三十二夫妇，仍仰邻里相与劝和。若将来仍旧不悛者，却当照条施行。

不孝不友，违背人伦，禽兽不如，依法应当重惩，但胡颖通过“原心”，认为李三只是因贪图财利而与其母其兄起了纷争，所以决定免断一次。他的容恕之举，并非为了徇私废法，相反，却是为了实现法律所要追求的更高目的——使其教化之下而知礼义；倘能“开其自新之路”，母子兄弟和好如初，“则天理未必不还”。判词极短，但在处理“天理、国法、人情”三者关系方面，却有如教科书一般。

胡颖的另一篇“兵士差出因奔丧不告而归其罪可恕”判，也是“原情”，原的是一个逃兵“不告而归”的“背后原因”。判词云：

吴保随直上幕，不告而归，其罪固不可容恕。原其逃避之故，却系奔母之丧。古之孝子，行役则瞻望母，出使则思将母。今吴保因差出在外，母卧病则不得侍其医药，疾革则不得启其手足，闻讣之日，方寸之乱，不言可知，见星而舍，犹以为缓，尚何暇于谒告哉？昔吴起仕于魏，母死不归，而曾子绝之；孟宗为吴县令，因奔母丧，自囚以听刑，陆逊表其素行，乃得免死。然则吴保之罪，提干必能以情宥之矣。备申提举司，乞免行追究，仍告示兵马司，今后如差军兵往二千里外，约往来该四月以上，而其人有父母年老衰病，别无以次可供侍者，并免指差。

军人吴保“差出在外”，“不告而归”，论罪难恕，但胡颖不是一判了之，而是查明其之所以逃避，乃是奔其母丧，因此认定其系“行役则瞻望母，出使则思将母”的孝子，“以情宥之”，“免行追究”。不仅在个案中融入核心价值观，充盈着正能量，还进而确立了一个普遍适用的法律规则——“家中若有父母年老衰弱抱病，没有其他亲人可以侍奉者，一律免除差遣”。值得玩味的还有讲明情理的方法。先是设身处地，描摹情状，继而援引先例，以作比附，层次清晰，开合有致，简练隽永，言近旨远。

还有时，“人情”代表的是“公众情感”。例如，蔡久轩“假伪遗嘱以伐丧”判就对一个招摇撞骗伪造遗嘱的无赖使用了“人情所同恶”的说法：

> 范瑜放荡无藉，乘范大佑神朝奉不禄，妄起觊觎，既教唆族人，使于范朝奉垂绝之际，登门伐丧，骗去钱会，今又敢恃其破落，自行诈赖。鞫之囚圄，理屈词穷，即无所谓遗嘱，特凿空诬赖，为骗取钱物之地耳。国家大臣薨，肉未寒，而不肖之族已群起而吞并之，此风俗之大恶，人情所同恶，不行重惩，无以戒后。

还有时，“人情”指代的是风俗习惯。在“典卖田业合照当来交易或见钱或钱会中半收赎”判中，争议的核心主要在于赎回田产时是用官会还是现钱支付。胡颖在判词中说："州县征纳赋税，商贾进行交易，官会与现钱一并流通使用，只有民户典买田宅、当铺收取物品，涉及诉讼时，则'参酌人情'——假如当初交易时支付的是现钱，就以现钱赎回；交易时支付的是官会，就以官会赎回，交易时现钱与官会各半支付，则现钱与官会各半赎回。"为什么说这是"人情"？因为"从京畿之地到边远地区，无一不照此方法处理，以为'成说'"。"成说"也就是"风俗习惯"。李边不遵从这个"成说"，执意要以现钱五十贯、官会六十五贯赎回人家以现钱一百二十贯典到之业，就是"不近人情"。不仅如此，胡颖还"采之舆论"——"都认为他素来好打官司，恶行深重"，"倘若此时又侥幸得逞，那么对于肆行违背天理伤害道义之事，官府对其也无可奈何了，这简直是助长恶行之道，岂是为政治理之方呢"！此处的"采之舆论"，又是一种"参酌人情"，参酌的是"民意"和"舆情"，考虑的是社会效果。

还有时，"情"是一种矜恤之"情"。在"典主迁延人务"判中，胡颖说：

当职观所在豪民图谋小民田业，设心措虑，皆是如此。当务开之时，则迁延月日，百端推托，或谓寻择契书未得，或谓家长出外未归，及至民户有词，则又计嘱案司，申展文引，逐限推托，更不出官，展转数月，已入务限矣。遂使典田之家终无赎回之日。且贫民下户，尺地寸土皆是汗血之所致，一旦典卖与人，其一家长幼痛心疾首，不言可知。日夜夫耕妇蚕，一勺之粟不敢以自饱，一缕之丝不敢以为衣，忍饿受寒，铢积寸累，以为取赎故业之计，其情亦可怜矣。而为富不仁者，乃略无矜恤之心，设为奸计，以坐困之，使彼赎田之钱，耗费于兴讼之际，纵是得理，而亦无钱可以交业矣。是以富者胜亦胜，负亦胜，而贫者负亦负，胜亦负。此富者所以田连阡陌，而贫者所以无卓锥之地也。

“其情亦可怜矣”中的“情”，乃是对“贫民下户”的矜恤之“情”。善待弱势群体是中华司法文化的优良传统，所以在涉及孤幼的案件中，用“情”最多。例如韩似斋“房长论侧室父包并物业”判就说：“当职于孤幼之词讼，尤不敢苟，务当人情，合法理，绝后患。”甚至把“当人情”放到了“合法理”的前面。但是，一味“怜贫扶弱”的“滥情”也是不可取的。人境在“物业垂尽卖人故作交加”判中就认为：“及至兴讼，一时官司又但知有怜贫扶弱之说，不复契勘其真非真是，致定夺不当，词诉不绝，公私被扰，利害非轻。”反对的是：是非不分，一律“按贫弱分配”；倡导的是：“交易有争，官司定夺，止凭契约。”

有人说，法外强调“情理”，通常容易息事宁人。但在《清明集》中，司法官们却认为，如果不依照法律裁定，反而得不到当事人认可。胡颖对此做过反复表达。“妄诉田业”判说：“户婚之法，不断则词不绝。”“禁步内如非己业不得再安坟墓起造垦种听从其便”判说：“详阅案卷，知县所断，推官所断，于法意皆似是而非……执法而不详其意，宜乎黎友宁之不伏退业也。”“质库利息与私债不同”判说：“今李四二所欠黄公才之钱，正系质库利息，知县乃以私债定夺，是又不依条法以剖判曲直矣，然则何以息讼哉？”范西堂也说过：“户绝之家，自有专条，官司处置，一从条令，非惟绝讼，死者可慰䑛犊之念，生者可远兼并之嫌，纵有健讼，奚所容喙。”拟笔“再判”则说：“再三䌷绎，欲合情，欲息讼，必当酌其法之中者而行之，斯可以。”

如何做到“情法两尽”？拟笔“命继与立继不同”判为我们提供了一个范例：

> 命继有正条，在有司惟知守法，而族属则参之以情，必情法两尽，然后存亡各得其所。江齐戴无子，论来昭穆相当，则江渊之子名瑞者可继之。而族党之诉，则谓江渊尝以子继齐孟矣，不能尽为人后之责，故欲以江超之孙名禧者继齐戴。今契勘禧乃超之子，非孙也，非孙则昭穆不顺，有司虽欲从之，不可得也，无已，则别择他派。按江氏宗图，自仲任而下，分为三枝，其应亿、周彦二派之下，各五传而止，惟元伟一派至八传，如此则惟有元伟派下第八传诸孙，可以继齐戴耳。八传诸孙，不惟江瑞一人为可继，但词讼纷纷，既失族党之意，官司若遽然令其继之，恐无以得众心，或生后词，是继之

者乃所以累之也。当职再三审处，必欲使情法之两尽，然犹虑族党之论未能尽公，而枝派所画或有所隐，不可遽凭以定断者。窃见江渊、江齐戴二人者，皆集撰侍郎游公之婿，今争立人江瑞，正侍郎之外孙，当立不当立，可立与不可立，只当取正于侍郎。盖侍郎硕德雅望，必能为息族党之纷诉，公心正理，必能照破族党之私情，一语可决，庶几情法两尽，而可全其族党之义，顾不美欤！帖本县知县，请亲诣侍郎宅，禀白上项曲折，仍与其族长折衷，定为一说，回申，本府却与从公照条施行。一行人并送县，照已判。

这个案件是族党内部因为立继问题产生纷诉，上诉到了州府，法官认为，对于此类案件，如果遽然照条下判，固然痛快，只是这样做“恐无以得众心，或生后词，是继之者乃所以累之也”。怎样才好呢？“必情法两尽，然后存亡各得其所”。但法官又指出，虽然对于情法都要考虑周全，但又须各有分工：“在有司惟知守法，而族属则参之以情”。法官再三审处，发现两位当事人都是“硕德雅望”的集撰侍郎游公之婿，于是“帖本县知县，请亲诣侍郎宅，禀白上项曲折，仍与其族长折衷，定为一说”。他期待，一旦游公出面，“必能为息族党之纷诉”。可惜调解未能达成。州府的法官“再三紬绎”，认为“欲合情，欲息讼，必当酌其法之中者而行之，斯可矣”。于是援引相关法律依据，依法作出裁断。本案的处理过程反映出，法官对于“和解”与依法作出裁断有着明确的区分意识，对于亲戚骨肉之讼，自以和解为优选，但在和解的尝试失败之后必须照条处断。对此真西山亦曾有论：“当职昨在任日，遇亲戚骨肉之讼，多是面加开谕，往往幡然而改，各从和会而去，如卑幼诉分产不平，固当以法断，亦须先谕尊长，自行从公均分，或坚执不从，然后当官监析。”蔡久轩的“一视同仁”判也曾强调，不能为了“人情”就要久调不决：

> 岂特姨妳坟不可动，虽古墓亦不可动也。国家法禁，一视同仁，岂有所轻重哉！若刘自诚已安葬在彼，只当照条监移，官司按法而行，若要如此委曲劝谕，几时是了？

也不是说为了“人情”，就要模棱是非，各打五十大板。方秋崖在“契约不明或业主亡者不应受理”判中就对提刑司的裁判提出了批评：“郑氏非，则汤氏是，二者必居其一，于此而不两然之，举而归之学官，此汤执中之所以不已于讼也。”他自己判案，考索的是“证据”，注重的是“法意”：“批阅两契，则字迹不同，四至不同，诸人押字又不同，真有如刑臺之所疑者，谓之契约不明，可也。在法：‘契要不明，过二十年；钱主或业主亡者，不得受理。’此盖两条也。谓如过二十年不得受理，以其久而无词也，此一条也。而世人引法，并二者以为一，失法意矣！今此之讼，虽未及二十年，而李孟传者久已死，则契之真伪，谁实证之？是不应受理也。合照不应受理之条，抹契附案，给据送学管业。”

万水千山总是情，从来只有情难尽。国法就在那儿，天理最恒久，唯有人情最难把握。怎么办？许倬云曾讲：“天理、人情、国法，要活一点看……不要在字眼里边直打转。”怎样才能做到不“打转”呢？除了应当具备足够的法律素养，还要有一颗正直矜恤之心，另外，恐怕还要有那么一点点“情商”。就像胡颖所说的那样：“徇人情而违法意，不可也，守法意而拂人情，亦不可也。权衡于二者之间，使上不违于法意，下不拂于人情，则通行而无弊矣。”

对话是为了说服

我一直在尝试一种“对话式裁判文书”。所谓“对话”，首先要跟当事人对话。在一审阶段，要逐项回应原告的诉讼请求；在二审阶段，要逐项回应上诉人的上诉理由；在审判监督阶段，要逐项回应再审申请人的再审理由。只有有的放矢，充分说理，才能有效提升司法裁判的接受度。还要跟下级法院对话，通过对话，讲明白错在哪里，就是在发挥对下指导功能，并能统一法律适用的尺度和标准。至于行政裁判文书，还要跟行政机关对话。“今天的判决将决定明天的对错”，对于行政机关来说，行政裁判无异于行政行为合法性的试金石，对话越充分，方向越明确，依法行政的目标就越接近。最后是要跟社会公众对话。“谁执法，谁普法”，裁判文书就是最佳的普法平台。要通过辨法析理，引导公众理性行使诉权，培养全社会的法治意识。

当然，裁判文书最初始和最基本的任务，是要回应当事人的诉讼请求，对诉讼争议作出司法裁断，对当事人的权利义务进行分配，为当事人实现实体利益提供依据。从案件当事人的角度也是这样。他最关心的是结果，收到判决书，最先急于了解的，恐怕也是裁判主文。所以，不少国家在设计裁判文书结构时，通常是把判决主文放在篇首，就是考虑到了判决书的核心之所在。民国的时候，判决书还是这样一种“主文－事实－理由”的三段结构。陕甘宁边区法院的裁判文书也沿袭了这样一种结构，例如马锡五审理的封捧儿案就是如此。我们现在的裁判文书，主文是在最后，但这并不是说主文不重要，而是“大头在后边”。结论最后才闪亮登场的这种结构，更要求我们在前面要进行充分的铺垫，到了结论出来的时候，大家都觉着不出所料、就该如此，那就达到了预期效果。

如果裁判文书仅仅具有宣示功能，那也就不用对话了。因为司法是用国家强制力作保障的，告诉他结果就行了，还用对什么话。但情况并非这么简单，正如波斯纳法官所言："老实地说，法律的最后手段确实是强力，……它依赖强力，也依赖说服。"彼得·威斯莱－史密斯教授说得更干脆："法律规定的条文，就是说服过程的一部分。"司法判决固然是一种国家权威的行为，但同样是法院对诉诸司法的公民的一种合理回答。"判决正确还是不够的——它还必须是公正的、合理的、容易让人理解的。司法判决的认为是向整个社会解释，说明该判决是根据原则作出的、好的判决，并说服整个社会，使公众满意。"这是一位美国法官的言论。我也注意到，美国联邦最高法院对于书面判决的要求，五项当中有四项与说服功能有关联，这就是：清晰明白；能够为公众所理解；有说服力；雄辩的。

我们以往不太注重裁判文书的说服功能，突出的表现就是“不说理”，主文前面，除了毫无表情的事实证据的粘贴，就是干巴巴地引用几个法条，至于为什么适用这个法条，为什么作出这样一个判决，则惜墨如金。但在现代社会，这样做是无法让人信服的。哈贝马斯就曾指出：传统法和现代法的其中一个主要区别，在于它们的正当性依据有所不同。为什么人们必须要服从法律？有什么道义上的理由，去说明法律是应当遵守的？在前现代阶段，宗教和传统使得这个问题具有不证自明的约束力，但现代，社会的世俗化和价值的多元，使得法律的正当性那原有的基础土崩瓦解，所有传统都受到理性的检验和批判。英国学者佩妮·达比希尔显然也注意到了这一重大变化，她的《坐堂问案》一书专门就“公众的服从与尊敬”问题对诸多法官进行了访谈。法官们不约而同地回应：变化确实存在。我可以给你们摘录其中的几条：

“如今的法院使用者不像以前那么尊敬和害怕法

官。……这也反映了社会的变化。”

“是有些变化，但这种变化与公众对老师或医师以及其他专业人士的态度的变化一样。与以前相比，如今的人们更可能会挑战所谓的权威阶层。”

“与其他许多事情一样，我想形式方面的讲究都下降了。有好几次，被告人对我说‘行啊，兄弟’。为这样的事情动肝火不值得。”

这种变化在中国似乎更明显。在长达几千年的时间里，司法官都是以父母官的面目君临当事人的，一直到清朝末年，诉状的开头还要首先写上：“伏乞青天大老爷迅赐作主施行。”另一面，“青天大老爷”们所写的判词，也是张口就骂，不容分辩。但是，当法官成了“兄弟”，就要适应“兄弟”的处境。最好的解决之道不是“大动肝火”，而是“理性对话”。哈贝马斯提出了一个“沟通理性”的概念，所谓“沟通理性”，其实就是“对话理性”。他认为，法律仅仅凭借其强制力迫使人们服从是不行的，它必须同时得到人们的认可。而从独白走向对话，就是解决司法合理性的根本路径。对话的主体不仅是由法官所组成的专业共同体，而且还把争讼双方也包括进来，因为他们是司法过程中的参与者，判决直接关系着他们的利益，而且判决的合理可接受性问题也预定了争讼双方的特殊重要性。这样，法官、争讼双方就共同进入了一个“合作地寻找真理的论辩过程”。

有趣的是，古代中国分别表示刑事和民事诉讼的“狱”和“讼”，都有一个“言”字。在拉丁文中，“法官”一词的词根也有“说话”。我的同事何帆在《法官裁判文书写作指南》的“译者序”里说：

> 法官不是“官”，但代表国家适用法律，判断是非，判定对错。英语称法官为Judge，称大法官为Justice，等同于正义的化身。其实，“正义”（Justice）一词源自拉丁文Justitia，其词根Jus即指“法律”。“法官”的拉丁文写法是Judex，恰好由Jus（法律）和dicere（说话）两个词根组成，与法官“解说法律”的职责相对应，而这解说法律的载体，便是裁判文书。

我们可以想象一下，诉讼程序是不是自始至终都是在“对话”中进行。首先，原告和被告之对簿公堂，就是在公堂上对话。他们之所以对簿公堂，就是因为他们两造之间私底下的对话已经无法继续下去，法庭则为他们提供了一个理性对话的平台。在法庭之上，两造对话之外的另一种对话得以产生——原告和被告固然继续着他们之间的对话，但这种对话，与其说是发生在两造之间，不如说是分别发生在两造与法官之间。无论原告还是被告，都试图说服法官，自己才是掌握真理的一方，并努力使法官能够认可他的主张。在法庭之上，法官并不经常地参与到对话之中，他更多的是倾听，所以中国古代有“听讼”的说法，但这种倾听是在为稍后的对话进行准备，他的对话，最终体现于他的裁判文书。换句话说，裁判文书，就是法官与两造当事人的一个对话文本。

对话还远远不止这些。在法官提交对话文本之前，先已进行了他们内部之间的对话——合议庭的评议正是如此。在英美法系，这种法官之间的对话甚至是公开进行的。法官往往独自发表自己的见解，而那些多数判决、附随判决、异议判决，固然是不同的法官与当事人的分别对话，但同时也是法官之间的对话。他们试着说服对方，或者，即使说服已经成为不可能，也要立此存照，去说服后世相信我说的话是对的。对话还产生于上下级法院之间。下级法院的判决为什么要详尽地说明理由？一方面是说服当事人，另一方面，也是为了日后——如果案件上诉的话——说服上级法院。对于这一点，英国学者佩妮·达比希尔在做访谈时发现，“审理民事案件的法官在撰写判决书时感觉上诉法院法官就坐在自己肩头”。伦敦中央民事司法中心常驻法官保罗·柯林兹坦言：“法官的判决书是写给两方面看的：一个是败诉方，另一个是上诉法院。”莎士比亚法官则说，她的判决很少被上诉，因为都很详尽。“我觉得判决书很好地向当事人表述了判决本身。”

既然与当事人对话是裁判文书的“主业”，那么问题来了：怎样跟当事人对话？我以为，第一步是要找准“话题”。话题在哪里找？一审就在起诉状，二审就在上诉状，再审就在再审申请书。所谓诉讼，审的就是“诉”。我们还常说，要判诉对应。“诉”就体现在上述三种书状当中。

受审级的限制，我日常审理的几乎都是申请再审案件。我拿到卷宗的第一个工作，就是阅读再审申请书，这是工作的起点，也是对话的源泉。同样的道理，初审法官第一步要做的，也是阅读起诉状，首先要看看他的诉讼请求是什么，赖以支持他的诉讼请求的理由又是什么。搞清楚这些，诉讼的走向就不会偏。等到在裁判文书中跟他对话时，他在诉状（当然也包括言词审理）中所提出的那些理由就成为对话的话题。上诉审也是这样，也要搞清楚他的上诉理由是什么。对于上级法院来说，不仅要看他为什么上诉、为什么申请再审，从源头上知道他为什么打这个官司也是很必要的，所以有时我会先撇下再审申请书不看，直接从原始的诉状开始。念完诉状，我会让助理依次去猜：被告会怎么答辩？一审会怎么判？其实都是有一个逻辑在内的。如果判决结果跟我们认为的逻辑不一致，那就要审查一下，究竟发生了什么。这样，审查的重点也就出来了。

找话题并不是件容易的事。你们可能都有体会，那些起诉状、上诉状、再审申请书，真的是千人千面，无奇不有。这一方面是当事人的能力所限，另一方面也因为我们对书状格式的要求比较宽松。其实，早在宋朝的时候，就对书状格式有严格的要求了。我在浙江丽水参观龙泉司法档案时，也见过清朝光绪年间的传统诉状格式以及宣统二年浙江官纸局统一印制的状纸，真是规范到了每一个细部。不想百多年过去，我们现在的状纸反而那么粗放不讲究。另外，“意在怂准”是每一个原告的天性，“控情愤激”之下定会出现“语必不实”。针对这样一个状况，法官就要有披沙拣金的功夫。有的法官可能不太愿意在这方面用力，所以总是采取自然主义的方法，眉毛胡子，剪刀糨糊，全都粘贴上去；有的可能习惯把这类“脏活”交给助理甚至书记员去做，觉着不过是简单劳动而已。殊不知这真的不是一项简单劳动；那些法官也不知道，这个工作一点儿都不无聊，自己动手寻找整理的过程，就是一个吃透“来头”、理清脉络的过程。

如何整理再审理由？我有这么几点体会：第一是不能杜撰。要尊重当事人的原意，即使他的观点看起来很荒谬。你如果凭空杜撰，即便没有任何恶意，也会惹来大麻烦。第二是善于加工。不要原封不动地摘抄，那些个多字少字啊，错字语病啊，可以改造得更规范一些。句句是他的话，句句又不是他的话，乃是最高境界。第三是学会归纳。既要充分体现他的主张，又不能重复啰唆。第四是注意排序。多条理由之间要有一个符合逻辑的顺序，比如，先实体，后程序；先重要，后次要，就是一种排序方法。第五是埋下伏笔。你所罗列的当事人的几点主张，兴许就是随后你要展开说理的提纲。哪些值得对话，哪些不值得对话，也能成为一个汰选话题的标准。第六是脏话不录。那些带有攻击、侮辱色彩的话必须剔除，不管对象是法院、行政机关还是其他当事人。当然，也不排除在有些情况下，这些话恰恰成为妨害诉讼的证据材料，那也要看是不是都适合公之于众。

找好话题之后，便可以对话了。所谓对话，无非就是解疑释惑。他对法律理解错了，就给他讲清楚法律的正确含义；他误解了行政行为的性质，就跟他说明白这个行政行为的性质究竟是什么，会带来什么样的法律后果；他对原审的诉讼程序有质疑，就分析原审的诉讼程序是否违反法律规定。不回避、不掩饰、不王顾左右而言他，开诚布公、坦诚相见，就能获得当事人的认可。

接下来再说说与下级法院对话。审级制度之设立，不可避免地促成上级法院与下级法院的对话。但我们对这种对话显然重视不够，或者是藏着掖着，啥都不说，宁可在内部函或者内部会议上去说；或者是敢说而不会说，一味要上级法院的权威。其实，上级法院的裁判能不能让下级法院接受，也有个说服的问题，也有个正当性的证明问题。在通常情况下，与下级法院的对话更多地产生于不能认同下级法院的观点时。有时，是整个案子被改判，你就要向下级法院讲清楚你为什么要改判；有时，虽然案子的结果是维持了下级法院的裁判，但原判当中有的观点是不妥的，为了保证法律认识的统一，也有进行一番对话的必要。

说到与下级法院对话，有一句法律格言你们可能都很熟悉——“我们是终审并不是因为我们永远正确，相反，我们永远正确仅仅因为我们是终审。”这句话出自杰克逊大法官的一篇司法意见。那段话的完整版本是这样的：

> 只要一个法院的判决被另一个法院审查，那么它们中总会有一定的百分比遭到撤销。这反映了不同法院的组成人员通常在视角上有区别。但是，一个高级别法院撤销低级别法院的判决，并不能证明正义就得到了更好的伸张。毫无疑问，如果存在着一个超级最高法院，那么我们对州法院的撤销中有很大一部分也会被撤销。我们是终审并不是因为我们永远正确，相反，我们永远正确仅仅因为我们是终审。

波斯纳法官对此评论说：“认为最没有能力的最高法院大法官也要比最能干的低级法院法官更有能力，那是一个错误。”波斯纳一辈子也没做到最高法院大法官，直到退休，他都是低级别法院的法官，所以说这话未尝没有一点点酸意，但他说的却都是大实话。有教养的上级法院法官总是对下级法院法官彬彬有礼，丹宁勋爵就曾说："'怀有敬意'是个时髦用语。上议院在推翻下级法院的判决时常用这个用语。他们'怀有敬意'——有时候是'怀着极大的敬意'，偶尔是'怀着极大可能的敬意'——地提出不同意见。这只是表示他们完全不同意的一种礼貌的说法。"

丹宁自己也做过初审法官，有一次他审理了一个案子，五人被判有罪，一人被判无罪。那五个人提出上诉，他们的判罪被撤销。虽然仅仅是因为指控是错的，但丹宁还是对这个结果感到遗憾，"毕竟我们下了很大的功夫"。甚至担心此案可能会危及他到上诉法院任职的机会。虽然没有发生他担心的事情，但他多年后还在感慨："初审法官的教训是：在你的判决被上诉法院推翻时，不要心烦。"在他成为上诉法官后，他很庆幸有这一段初审法官的经历："为了成为一名优秀的上诉法官，你应该当一段时间的初审法官。"因为，"一个人只有通过经验才能了解困扰初审法官的问题”。我揣摩，他所说的就是换位思考和将心比心。

我自己在所有层级的法院都干过，多少了解一些各级法院法官的处境、优劣与局限。在我做下级法院法官时，就不介意自己的案子被上级法院改判，我问心无愧认真做了，改不改你说了算。在做了最高法院法官之后，我会非常注意在案件的处理乃至语言的表达上多给下级法院一些体恤和尊重。例如，不改判也能解决问题的轻易不去改判，但要把道理说清楚，把路径指明白。尊重下级法院法官，并非不讲原则，一团和气，对于下级法院裁判中存在的错误必须指出，即使判决结果并没有变动。这种较真的态度，既是上级法院指导监督功能的职责所在，也能借此纾解当事人因对原判决不满而淤积的怨气。清朝末年的法官樊增祥在《批华州诸牧词讼册》中就曾说过类似的话：“案已断结，无复翻之理，本司特论其理耳。因原判以为必如此方为情理两得，似系错误，故以质诸同人。”

对下级法院的体恤，也体现在行文的口吻上。同样的话，盛气凌人的语气跟彬彬有礼的语气效果就大为不同。斯蒂文斯法官说过：“在这个地方，大家经常有不同意见，但从来没有伤过和气。”前英国最高法院院长廖柏嘉也曾告诫：“尽管愤怒可能是刺激因素，但持少数意见的法官不应对多数意见进行言辞攻击或表现出粗鲁态度。正如斯卡利亚（Scalia）法官痛斥性的异议意见的批评文章所指出的，这样会贬低法院的声望。无论如何，法官应当对其观点和表达方式具有足够的信心，让论理来说明一切。”我们虽然不存在异议意见制度，但这种态度和信心却是应当具备的，无论是对同一法院的同事，还是对下级法院的同行。

有时，上级法院的法官说出几句“责己”的话，不独不会有失体面，反而会更见胸襟之阔大。樊增祥就能做到这一点。他在《批三原县德令禀》中这样说：

> 接阅来禀，愀然不安。本司素重该令，以为后来之儁。四月二十九日劫案，忽为泾阳禀讦，不惟本司不悦，抚宪亦弗善也。端午夜，该令禀报到司，词涉粉饰。若

在俗吏出之，本司决不动气。因平日爱之深，一旦同于滑吏所为，则怒之亦愈甚。既怒则奋笔严批，如东坡书竹，芒角森利。及今思之，殊觉言之太过也。李西平曰“武夫性直”，正本司之谓。

对下级法院的赞扬也要有个限度，在这一点上，前英国最高法院院长廖柏嘉曾有精辟的论述，他说：“上诉法院应该更乐意去论及下级法院判决，哪怕是一段话，并或明或暗给予肯定。”当然了，他也顾虑，“如果上诉法院对被上诉的每一个优质判决都予赞扬，会使得赞扬流于形式，而一旦未获赞扬，法官无疑会认为是一种耻辱。”正确的做法应当是，出于自然，发自内心。都去赞扬，也就失去了赞扬的目的；不该赞的也赞，不仅流于形式，更成了虚情假意，而且会有损判决的严肃性。

最后要说的是，与下级法院对话，一方面是对作出原判的下级法院，另一方面也是对潜在的被上诉的下级法院。我们之所以不惜篇幅对法律原义进行阐释，之所以对下级法院的一些不合适的观点揪住不放，设定的听众就是所有下级法院，是为了让大家在以后不再犯类似的错误。这是上级法院应尽的一份职责，这也是一份裁判能不能将功效超越个案的关键所在。

写长容易写短难

说起文章的长短，我想起一个“博士卖驴”的故事。相传晋朝有一位博士，他因为要把一匹驴子卖掉，亲自起草卖驴契约，洋洋洒洒，一写就写满了三张纸，可是还没有提到一个驴字。因此留下一个“博士卖驴，书卷三纸，不见驴字”的“佳话”。不过，对比一下我们的有些判决，这位只写三张纸的博士还是小巫见大巫了。其实，伟大的裁判未必非要“大个头”，短短几行字，却能名垂青史的有的是。清代名吏樊增祥的判词，有很多就都是这样的超短篇，百年过去，依旧新鲜。例如《批白河县民张肇忻控族叔张雯词》只有四个字：“胡说。不准。”《批渭南县民李世德控词》，通篇只有一句话：

此等田土官司，自应在县呈控。越渎不准。

管辖不合，岂须多言？篇幅虽短，要素却样样不缺。案由是“田土官司”，性质是“越渎”，主文是“不准”，理由是“应在县呈控”。一气道出，毋庸置疑。斩钉截铁，霸气十足。

南宋的《名公书判清明集》里也有这样的极短篇，例如蔡久轩的“士人娶妓”判：

公举士人，娶官妓，岂不为名教罪人？岂不为士友之辱？不可！不可！大不可！

就是这样一个极短篇，诸般要素却也一样不落。当事人的身份是清楚的——“公举士人”，事实是清楚的——“娶官妓”，裁判理由是清楚的——“岂不为名教罪人？岂不为士友之辱？”判决主文也是清楚的——“不可！不可！大不可！”不惟清楚，那一连三个叠句，还具有强烈的修辞效果。对于士人娶妓这样于礼于法均所不允的事情，就没有必要详细叙述事实，无论他娶的是陈圆圆，还是李师师，并不重要，总之是娶妓。

这样的“一句话”裁判毕竟不是常态，但即使是常态化的裁判，也大多短小隽永，言简意赅。再来看一篇无名氏的“阿李蔡安仁互诉卖田”判：

> 蔡安政生子三人，长男新，次男先，幼男安仁单身，将所受分田逊于二兄，藉以供养，其意甚佳。今安仁虽无户，而元来分关声载分明。二兄俱丧，其姪却欲给据出卖。既卖此田，则安仁何所仰给？合且存留，为安仁以赡日用，候其身故，却照元约为主。

之所以能够做到简短，省去无谓的过渡语也是一个因素。例如介绍三子的时候，到幼男安仁，直接接上了他“单身”的状态，而对这一状态的交待，又构成本案关键的法律事实。因为单身，才“将所受分田逊于二兄，藉以供养”；因“将所受分田逊于二兄”，才导致“无户”的后果；因为“无户”，才任由姪儿出卖此田。但是，“既卖此田，则安仁何所仰给？”这是法官在梳理了来龙去脉之后发出的疑问，既合约定的本义，也充满对于鳏寡孤独者的关怀。所以判决“合且存留，为安仁以赡日用”。更为周到的是，判决还把将来的事项预先安排停当：“候其身故，却照元约为主。”简短，却不简单。“上工治未病，不治已病”，此之谓也。

总的来看，中国古代判词的体例格式不拘一格，或短或长，全凭需要，就像张保龄所说的那样：“有片言即可折之者，有详言而后决之者，无不合乎理法人性。”清末变法修律，判词结构也发生很大变化。宣统年间，由奕劻、沈家本编纂的《考试法官备要》，借鉴日本、德国司法文书制作经验，启动现代法律文书格式，刑民判决书的格式有了统一规定。同时，现代法律纠纷以及法律适用的复杂性也与古代不可同日而语。尽管如此，裁判文书的篇幅并没有无限拉长。我们来看一篇清朝末年保定地方审判厅所判“私造洋枪”案：

缘张栓子籍隶藁城县，素习修理洋枪手艺，祖父年八十七岁，父年五十六岁，母年五十三岁。宣统元年八月间不记日期，张栓子因贫难度，起意私造洋枪售卖渔利，先后造成洋枪三支，卖给不识姓名人，得钱花用。旋经保定营务处侦查士将张栓子访获，并起获造枪器械等件，转送清苑县，经吕令调元提讯，未及详办，适省城各级审判厅成立，照依法令将犯卷汇案，移送地方检察厅起诉到厅，当即提犯审讯，据供前情不讳，究诘不移，应即判决。

（援据法律某条及理由）查现行例载：私造鸟枪者，处十等罚，每一件加一等等语。此案张栓子因素习修理洋枪手艺，辄敢图利私造洋枪三支，先后卖给不识姓名人，得钱花用。遍查律例，并无私造洋枪作何治罪明文。惟洋枪与鸟枪无异，自应比例问拟。张栓子合依私造鸟枪者，处十等罚，每一件加一等例，拟徒一年半，解交保定习艺所依限工作，限满释放，所得卖枪钱文照追入官。失察该犯私造洋枪之该管地保，移会藁城县传案，照例处罚革役。买枪之不识姓名人应免传究。起获造枪器械存库备照。此判。

可以看出，判词的结构有了清晰的划分——首段，叙述当事人、事实，以及案件侦破与诉讼的经过；次段，列明援据法律某条及理由，并给出主文。案情不能说十分简单，法律适用甚至还涉及“比例问拟”，也就是今天所说的类推，但仍然能够保持短小精悍、凝练隽永的传统。

在我们的心目中，普通法系的裁判普遍很长，单是援引先例，就可以连篇累牍。人们喜欢拿犹太人学校案作例子，在这个案子中，九位大法官的判决书堆积起来有四英寸厚，长达九十一页。而且，这个案件的事实陈述竟是出现在少数派意见中。有人说，这样一份判决书，“会让法律专业学生，甚至让上诉法官读起来也感到绝望”。但也不乏向冗长宣战的人，号称“伟大的异议者”

的霍姆斯大法官就喜欢写短。他是一位多产法官，办案很快，以至于首席大法官梅尔维尔·富勒常常“将别人的工作分一部分给我，以减轻其他法官的负担，因为我有时间”。霍姆斯的高效多产一定程度上归因于他简明扼要的写作特点。他在给朋友的信中曾说：“这里的法律意见冗长，几乎成了制度，我不认为这是正确的。”他认为正确的方式是简要介绍案情，尽最大可能紧凑而细致地叙述判决的依据。普遍认为，霍姆斯最著名的判词当属“洛克纳诉纽约案”（Lochner v.New York）的反对意见，波斯纳把它称为“反对多数意见的司法哲学的一个象征”，斯蒂文斯大法官更把它誉为“最高法院历史上最有影响的一份异议方意见”。如此重要的司法意见篇幅却非常短，只有两段。

波斯纳曾经专门分析过这份反对意见，他说：“简明扼要在说服性演讲中是一种风险，……但它也可以是一种机会。霍姆斯简明扼要的反对意见吸引并支配了读者的注意力。句子的长短变化以及长句的优雅旋律提升了该意见的魅力，而警句（不但是关于斯宾塞的警句，而且还有‘一般化的命题不能决定具体的案子’和‘每一个判例都倾向于变成法律’）集中的力量让这个意见具有一种强有力的特征，如果这个反对意见更长、更分散，让这些警句隐藏于限制、注释、引用、重复以及司法意见中常见的其他冗词赘句之中，那么这种强有力的特征就会丧失殆尽。”

写长容易，写短难。我们现在难以像古人那样片言折狱，固然有许多古时候所没有的客观原因，这也可以说是一个世界性难题，例如英国法官也这样感叹：“我没时间写一份短判决书。”什么原因造成的呢？英国学者佩妮·达比希尔在她的《坐堂问案》一书里对此做过一个访谈，法官们普遍把根源归罪于复印机。上诉法官塞德利说：“如今法院都使用复印机。这让人大受其苦。当事人把所有材料都复印出来交给法院，然后让法官在成百上千页材料中东找西寻。”当然问题不只在于复印机，其他的因素还包括：第一，有位不会打字的老法官说电子文字处理技术使得法官们会从判例中进行复制粘贴。第二，法官们还经常说“我没时间写一份短判决书”。

第三，随着判例法日益增多，法官们觉得有义务援引更多判例。第四，可能也是因为当事人的论辩越长、理由越多，则法官需要回应的点也越多，即使仅仅是不予考虑也要提到。第五，最重要的是，上诉法官的审前阅读量很大，大到他们希望当事人给一个必读材料清单。

尽管如此，把裁判写得尽可能短一些，还是对大家都有好处。就像钟叔河在编《念楼学短》时所说的那样："写得短当然不等于写得好，但即使写不好，也宁可短一些。"怎么才能写短？我在下一篇"法贵简当，使人易晓"当中会给出一些例子。这里先要强调的是，也不能就此认为，判决书要一概写短。必要的事实不交代，就会让人如堕五里雾中；该说理时避而不言，则是攥着拳头让人猜哑谜。这一问题在古希腊谚语中早就说到了，那就是："简短与静默比邻。"钱锺书对此诠释说："寡言最与默不言相近"，"故言而至约极简，则虽言而犹默矣"。《庄子·骈拇》也有这样一句话："凫胫虽短，续之则忧；鹤胫虽长，断之则悲。"译成白话就是："野鸭的小腿虽然很短，续长一截就有忧患；鹤的小腿虽然很长，截去一段就很痛苦。”具体到文章一道，那就是“有话则长，无话则短。”“当长则长，当短则短。”总之，为文记事，或纡余有味，或语简而切，只要符合需要，都属允当。

长短与薄厚

长短，指的是裁判文书的篇幅。大家都在感叹：案件越来越多，判决越写越长，法官为此不堪重负。为什么越写越长？固然有纠纷越来越复杂的原因，但我们有没有反思过，判决书的写作方法是不是也出了问题？

我们不妨考察一下，判决书究竟长在哪里？是有那么多法律问题需要论证吗？是有那么多裁判理由需要说明吗？显然不是。长就长在只要浆糊，不要剪刀，不加裁剪地把诉讼过程、诉辨主张、口供陈述，一股脑地复制粘贴上去。可是，这些内容，当事人看吗？他显然不看，他只是关心裁判的结果，以及背后的理由。案外人看吗？他更不看，看这些于己无关的琐事，何乐之有？上级法院看吗？卷里都有的东西，他还不如去查阅原件。

但就是这些海量的无用信息，却要去抄写，去校对，费去我们许多宝贵的时间；也正是这些无效内容，最容易产生低级的校对错误。结果就是——我们费尽洪荒之力，到头来只是为自己挖了一个陷阱。更为严重的是，把那些不该抄的东西也不加选择地抄上去，既累了自己，也害了别人，不仅使当事人受到二次伤害，甚至还会引发舆情，污染公众的眼睛。

当我就这个问题进行讨论时，不只一个法官感到委屈——我要不把证据抄上去，会说我没有证据。真的会这样吗？我们来看一篇陕甘宁边区高等法院的民事判决书，看看他们是如何处理这类敏感证据的。

陕甘宁边区高等法院民事判决书

上诉人即原告：惠思祥，男，四十九岁，原籍清涧，现住延安市南门外，商。

被告：张海胜，男，卅七岁，原籍米脂，现住延安市南门外，商。

右上诉人惠思祥为求偿窑洞一案，不服延安市地方法院六月二日之判决，提起上诉，经本院审理判决如左：

主　文

原判撤销。

张海胜在惠思祥地上所开窑洞二座，仍由张海胜居住，如张海胜日后移居，在此窑洞之居住权即消灭。

张海胜之妻张白氏如再与人通奸生事，由当地政府驱逐其家出境，所开此二座窑即归惠思祥所有。

事　实

据上诉人惠思祥称："伊于民国二十七年八月间与张海胜合伙在延安市内开设磨房，尔时即与被告张海胜之妻张白氏通奸，及至是年冬被日寇飞机轰炸后，张海胜夫妻无处居住，伊当时为便利与张白氏通奸，自动提出要张海胜在窑背上掘窑洞二座，并帮助张海胜出资四十余元，并向张海胜声言：‘住得好的话，可以常住。’并未提起居住期间及租金，更未提出任何条件。张海胜将窑洞造成后，于去年一月，伊即与张白氏感情破裂。以张白氏与人通奸生事（因此时张白氏又拒绝与胡玉林通奸，而胡玉林竟把张海胜之驴杀死一个，该案正由延安市政府交军法处处理）、恐日后受累之词请求令张海胜将此二窑交还。”

张海胜答辩称：“伊在惠思祥地上开掘窑洞两个，是经过惠思祥的允许，现在不愿交出窑洞者，因开掘窑洞时惠思祥曾允许可以长久居住，且开掘窑洞自己花费大洋110元，惠思祥并未出资，所以不愿交还窑洞。”至张白氏与惠思祥通奸，张海胜与张白氏均不承认有此事实。

理　由

（一）张海胜在惠思祥地上开掘窑洞时，确经过惠思祥的允许，且未约定有任何条件，其口头契约自应成立。

（二）张海胜开掘窑洞，惠思祥出资四十元相助，并无证据。即或惠思祥确曾资助，系出于自愿，未附任何条件，当然亦不能翻悔。

（三）根据延安市地方法院调查，张白氏与人通奸是事实。

本院根据以上理由及两造具体情形特为判决如主文。

中华民国廿九年七月廿八日

民事法庭兼庭长　雷经天

推　　　　　事　任扶中

书　　记　　员　兰作馨

在雷经天审理的这个案件中，是否存在通奸问题成为确定窑洞居住权的一个绕不过去的情节，但对于通奸问题的认定，判决书只是写了这样一句话：“根据延安市地方法院调查，张白氏与人通奸是事实。”如此简练，是因为战火纷飞、仓促成篇吗？是因为物资紧缺、敬惜字纸吗？或许有一些这方面的因素，但显然不全是因为这个考虑。这就引出了我发言题目的第二个词组：薄厚。不去大肆渲染，懂得为人避讳，就是“厚”，是法官应当具备的品质。

俗话说：罗马不是一天建成的，雷经天们的仁厚也不是横空出世。红色司法之所以值得寻味，就在于它根植于乡土中国，饱含着中华法律文化的优秀基因。在西汉刘向的《新序》中，就有一段关于薄厚的经典论述，这段话正是针对应当如何处理疑狱而言。原文是这样说的：

> 由此观之，墙薄则亟坏，缯薄则亟裂，器薄则亟毁，酒薄则亟酸。夫薄而可以旷日持久者，迨未有也。故有国富民施政教者，宜厚之而可耳。

古代司法文献中不乏薄厚两方面的典型案例，这里我各讲一个。先说“厚”的故事。在南宋判词《名公书判清明集》里，有一篇叫作“既有暧昧之事合勒听离”。这是一个离婚案，离婚的理由是存在不正当翁媳关系。法官胡石壁将当事人“逐一唤问”，“耳听其辞，目察其色”，感觉确有嫌疑，但他却并没有一查到底，他考虑的是：

如必欲究竟虚实，则捶楚之下，一懦弱妇人岂能如一强男子之足以对狱吏哉，终于诬服而已矣！况此等丑恶之事，只当委曲掩覆，亦不宜扬播，以贻乡党之羞。

考虑到“纵无此事，亦难复合”，胡石壁最终判决“合勒听离”，但对于“暧昧之事”却免于根究，这就是所谓的“厚”。行所当行，止所当止，这一止，止出了智慧，止出了仁厚。我们常说，事实清楚、证据确凿，这确实是办案的基本要求，古人也云：“官司予夺，若不将两词究竟到底，则无以绝其诬罔之根”；但有时候，就让它不清不楚，没准儿更是厚道之举。

接下来讲一个“薄”的故事。“薄”者，刻薄、轻薄、惨刻是也。这个案例是清代名幕汪辉祖讲述的：

乾隆三十一二年间，江苏有干吏张某治尚严厉，县试一童子怀挟旧文，依法枷示。童之姻友环跽祈恩，称某童婚甫一日，请满月后补枷。张不准，新妇闻信自经。急脱枷，童子亦投水死。

汪辉祖感叹说：“夫怀挟宜枷，法也。执法非过，独不闻律设大法，礼顺人情乎？满月补枷，通情而不曲法，何不可者，而必以此立威，忍矣！”

故事讲完了，做个小结。长短只是外表，薄厚才是内核。裁判文书的质量固然依赖于格式的改良、文字的自觉，但根本上取决于裁判本身。裁判水平的高下，又取决于法官素质的高低。而法官的素质，决不仅指对于纸面法律的熟悉程度，更要练就“公心正理”、“情法两尽”的本领。针对一个案件、针对案件当中的一个细节，是厚待之，还是轻薄之，效果大不相同。在这方面，无论是红色司法，还是古代法律文明，都给我们留下了丰厚遗产，值得我们挖掘、学习和传承。

简当易晓

“法贵简当，使人易晓。”这是明太祖朱元璋的主张。想必他是熟读过《史记·高祖本纪》，当中记载：汉高祖入关，召诸县父老豪杰曰：“父老苦秦苛法久矣，诽谤者族，偶语者弃市。吾与诸侯约，先入关者王之，吾当王关中。与父老约，法三章耳：杀人者死，伤人及盗抵罪。余悉除去秦法。”“秦人大喜，争持牛羊酒食献飨军士。”裁判文书是“活的法律”，也当如此。民国公牍学大家许同莘在《牍髓》一书中就曾把“简”列为公牍八要之首。他说：

> 公牍修辞之法，可以吕叔简语括之，曰：“文章有八要：简、切、明、尽、正、大、温、雅。”不简则失之繁冗，不切则失之浮泛，不明则失之含糊，不尽则失之疏遗，不正则理不足以服人，不大则失冠冕之体，不温则暴厉刻削，不雅则鄙陋浅俗。

怎样能做到“简当”？刘勰提出要善于“熔裁”。他在《文心雕龙·熔裁》中说：“规范本体谓之熔，剪截浮词谓之裁。裁则芜秽不生，熔则纲领昭畅，譬绳墨之审分，斧斤之斲削矣。”我理解，所谓“熔裁”，一是提炼，二是删削。

先说提炼。提炼可用于多个方面。例如，诉讼请求的提炼。诉讼围绕着诉讼请求这个诉讼对象而开始、发展乃至终了。所以，能把诉讼请求提炼好，就好比把胎坐正了。我们日常见到的许多诉状，多是“满纸荒唐言，一把辛酸泪”，如果不加提炼，照抄照转，啰里啰唆不算，也会造成射击者找不到靶心的效果。

再如事实的提炼。不是所有的事实都是重要的，什么是重要事实？大村敦志等在《民法研究指引》一书中曾经这样说："在判决理由中，多数情形下会存在这样一部分内容：在叙述一般意义的、形式上的法律论后，多将该法律论嵌入原审认定的事实中，在此基础上得出结论。""在构成判决之法律结论的前提的事实被捡拾起来记载于判决理由的情形，是该法院认为属于'重要的事实'才载明的。"至于那些枝枝蔓蔓可有可无的事实，不独占据篇幅，还会使重要事实埋没其间。

又如理由的提炼。判决要有理由，理由也要提炼，首先要做到的是少说闲话，直截了当。樊增祥《批延川县陈令禀》就曾说："凡作禀牍，少说闲话。……此等奇情险状，经该令夹叙夹议，已极啰唆，而入手之初先从孔姓鞋铺及'祥盛魁'杂货铺去年失窃、今年二月拿获一贼说起，然后说到三月初三，吾不知该令作墨卷时限于七百字，如何说得完也。"在《批陈令维藻禀》中，他又说："能手作事与能手作文，皆与寻常人不同。同一禀也，会说话者，语语扼要；不会说话者，胶葛不清。同一案也，能问案者，直捷了当；不能问案者，蔓讼数年，犹不能结。此中消息甚微，出入甚大，人才之相越甚远。”

陆机《典论·论文》云：“立片言而居要，乃一篇之警策。”意思是说，一篇好文章须有警句，通过警句而突出主题。樊增祥则爱用“筋节语”一词。如《批扶风县谭令词讼册》云：“仆一生作公牍，专在筋节上说话，看公牍亦专在筋节处着眼。其确中窾要者必为拈出，百不失一。”窾要者，要害也，关键也。确中窾要，就是指准确抓住了问题的要害和关键。对于判案来讲，确中窾要还只是第一步，第二步还要能够说出来，说到位。用一两句“筋节语”说清复杂的问题，就是一个好方法。

卡多佐也是一个“筋节语爱好者”，他说：“司法意见若想具有说服力，它要么得有真诚与热情这种令人钦佩的品质，要么得有韵脚和对偶之类有助于记忆的力量，或是具有格言和警句的简洁和韵味。无视这些同盟军的帮助，司法意见也许永远不可能取得成功。”他还说：“尽管格言的普遍性和重要性已然衰落，法律真理如今已经变得过于繁复，无法用一句话来表达，但是对简洁精炼、言简意赅的措辞的需求并未减少，它们能够让人们充分理解并牢记心中。”他的司法意见书中也确实总有一些“令人难忘的句子”，比如：“有险必救。”“怕事别出门。”“相沿已久的定论，岂可轻言废弃。”这些句子有些都成了法律格言。卡多佐是在自觉地进行这样一项工作，他曾说：“从诗人的作品中沙里淘金，看是否有佳句值得我们铭记于心。”波斯纳对卡多佐的这一做法非常推崇，他说：“其字句不仅把他的意见刻在我们的记忆中，而且也有助于说服我们相信他选择的结论是可取的。”

我自己在写判词时，也爱用一些“警策之句”，用好了，可以一句顶十句。既简练，又能让人记得住。例如：王建设案——“过于随意的处理是不理智和没有意义的；从法的安定性出发，也不允许行政机关翻云覆雨，暮楚朝秦。”臧金凤案——“己所不欲，勿施于人。东邻少，未必西邻就多。再审申请人认为其宅基地面积被漏登，却将战火烧向与其本无权属争议的西邻，终究不是正途。”王福珍案——“‘一个没有理由的决定，等于一个猜不透的谜语’，一个理由变来变去的决定，同样容易降低人们对它的信任。”王守保案——“法谚云：‘法律不保护权利上的睡眠者。’所以，过于迟延地请求法律救济将不受到法律的保护。但在有些情况下，过早地请求法律救济，同样不被法律所允许。”崔志惠案——“无诉则无判，诉乃发动审判权的前提。”张远凤案——“法律规范作为一个体系，就好比一个森林，是由好多棵树木组成。只见一棵树木，难窥森林全貌。”这些句子给人们留下了比较深的印象，有不少人见到我时能够顺口将它们背诵出来；也有人在我的裁判文书底下留言：“哈哈哈！读到‘难以承载之重’，我就知道这个裁判的作者是谁了。”

有时，一大段话可能也难以说清楚一个法律问题，但用好了一个词，立马能让它标签化。我有时就爱自造一些这样的概念。例如在王槐柯案中，自造出一个政府信息的“客观存在”与“推定存在”。又如在张小平案中，提出了政府信息的“确实可见”与“转瞬即逝”。在闫水旺案中，琢磨出个“貌似咨询”。在艾年俊案中，归纳出“二审裁判与一审裁判的统一性”。在陈前生案中，改造出“谁行为，谁为被告；行为者，能为处分”这样一个规则。应当注意的是，佳语固自不朽，但也是可遇而不可求。“偶于无意为诗处，得一两句自然好。”这个“自然好”，可以理解为“当然好”，也可以理解为“顺其自然好”。刻意求之，就做作了。此外，“自造概念”也不全是文字技巧，也依赖于对于法意的精准理解，没有十分的把握不要贸然尝试，不然就会贻笑大方了。

说完提炼，再说删削。有关删削的句子，最出名的可能就是郑板桥的“删繁就简三秋树，领异标新二月花”了。很多人也不是不懂“删繁就简”的道理，为什么做不来？一个重要原因是觉着哪一句都好，舍不得割爱。所以首先要变“不忍”为“割忍”。袁枚的《续诗品三十二首》，其中就有一首以《割忍》为题：

> 叶多花蔽，词多语费，割之为佳，非忍不济。骊龙选珠，颗颗明丽，深夜九渊，一取万弃。知生必避，知

熟必避，入人意中，出人头地。

“一取万弃”，是说有一个就够了，剩下的一万个只能舍弃，不然就成了累赘。那一万个怎么舍弃呢？刘知几《史通·叙事》云：“叙事之省，其流有二焉：一曰省句，二曰省字。……《春秋经》曰：‘陨石于宋，五。’夫闻之陨，视之石，数之五，加以一字太详，减其一字太略，求之折中，简要合理，此为省字也。”俄国一位老编辑也曾举一例说明删削的方法：

有篇文章，我记得好像是描写蒂威尔城的示威游行的。文末说：“在游行的地方，曾来了地方警察，拘捕了八个游行示威的人。”这种类似的句子是很普通的。把它整个儿排印起来是否需要呢？譬如“地方”二字，难道在蒂威尔城来的警察，不是当地的，而是卡桑的吗？其次，“在游行的地方来了”云云，难道警察不来可以拘捕吗？至于“警察”云云，自然，不是母牛，也不是行路的人吧。所以，留下排印的仅为“八人被捕”，即只是所需要者，其余的统统删掉了。

平常见到的一些裁判文书，什么都往里边抄，不仅做不到删繁就简，有时还会惹出麻烦。曾有一篇公开上网的文书被热炒，问题就出在——它把一些不能见光的极为龌龊的场景巨细无遗地抄在了判决书里。有人说，这样的文书怎么能挂到文书公开网？我想说的是，当初压根儿就不应该把这些细节写进去。你们都读过三言两拍的删节本，对于“此处删去三百字”想必印象深刻，你们也知道在国外还实行电影的分级，为什么？就是考虑到少儿不宜。古人办案时，遇到暧昧之事尚且知道为人避讳，既不打破砂锅问到底，也会在判词中含蓄处理，当今的个别法官却根本不懂得这些道理。

当然，删削也是要有限度的，一片枝叶也不留，那棵树光秃秃的也不好看。唐弢就说过：“艺术的渲染，细致的分析，删去了足以损害原意，或者已经成为作者个人风格的语言，那是应该坚决保持的。否则，文章只剩下‘本质’，有骨无肉，那就又会是干巴巴，连吞也吞不下去了。”对于裁判文书来讲，把握好这个度也很重要，如果一味求简，删去的恰好是对于案件裁判非常关键的信息，那就得不偿失了。唐弢就曾讲过一个删削过度的故事：

> 欧阳公在翰林日，与同院出游，有马毙犬于道，公曰，“试书其事。”同院曰，“有犬卧通衢，逸马蹄而死之。”公曰：“使子修史，万卷未已也。”曰，“内翰以为何如？”曰，“逸马杀犬于道。”

长期以来，人们都是觉得欧阳修的“逸马杀犬于道”水平更高，但唐弢有不同的见解：“欧阳修并没有告诉我们马怎样杀死了犬，无论从‘文’的角度或者从‘史’的角度来说，‘蹄’字在这里都是非常重要的，省略了这个动词，就不能说已经写出了这幕小悲剧的精神特征，更不必说传神了。”你们可能也感觉到了，如果类似的事情出现在案件审判中，那个“蹄”字没准儿就是定性量刑的最关键之点，当然万万不可省去。

樊增祥爱写短篇，追求“简洁了当”，但他同时也反对该说的一概不说，不该说的倒是禀告一大堆。在《批沔县禀》中，他连用了十一个问句，斥责下级刑名的“颟顸笼统”：

> 腊月十四日孙世宜夫妇出外，独留其母看家，十八日报称其母被人打死。该民夫妇究于何日回家？该令往验，其所居有无邻右？曾否遗失物件？夫以五十九岁之妇，其非图奸可知。若未失物，则非图财可知。非奸非盗，平白将一老妇打死，岂非怪事？近来不通刑名办案，专以颟顸笼统自诩空灵，殊不知初禀之不可说煞者，乃有关罪名出入者也。即如此案并未获犯讯供，说不到罪名上去。至该令前往勘验，原不仅坐听喝报泛填尸格而已，其地或独居，或聚处，其家或失物，或不失物，均应随禀申叙。验毕，理应讯问尸子，因何夫妇并出？几日还家？还家时，是何景象？门户大开乎？抑虚掩乎？其母死于房内乎？死于门外乎？凡应讯应叙情节，一概不提。

简当，也依赖于多分段，并且尽量使用短句子。丹宁勋爵说：“在写一本书或一份意见书时，你应该多分段落，而且每一段话都要分成几句话。整页印得满满当当的又不分段，看起来不舒服，甚至令人生厌。一大段话，不分句子，不大容易读懂。所以要把一大段话分成几句话来写。如果你认为必须用一个长句子，就应该在该断开的地方断开，有时还要加破折号，或者加冒号和分号，更多的是加逗号。这样可以使读者比较容易读懂。”樊增祥就是写短句子的高手。在他的《批宝鸡县杨令调元禀》中，针对清理监押，他有一段宏论：“薄责释放，终于害民，重责久押，庶几知悔。户婚田土，钱债细故，一堂了解，可谓明决矣。然具结下堂，或应交钱，或应交人，或应交房、交地，均抗不交，再控再讯，再结再抗，终无了期。一经管押，莫不如期交领完事，此则管押之效也。”这样的句式，令人想起昆曲当中的“碧云天，黄花地，西风紧，北雁南飞”；令人想起京剧当中的“风声紧，雨意浓，天低云淡”。而那句“再控再讯，再结再抗”，一连四个叠字，更使得“终无了期”变得形象生动。

最后要说说，怎样能做到“使人易晓”？卡多佐认为：“对于法官来说，文风的至高无上优点就是明晰性。”明白准确，没有歧义，这可能是裁判文书区别于其他文章的最为重要的特质。而要做到这一点，首先是要心中有读者。丹宁曾说，“……很多人，不管是讲话人还是书写人，总是过多地想到他自己，他应该更多地想到他的听众或读者。”为此他提出了一个“主要原则”：“主要原则是指在你讲话或书写时，你应该时刻想到其他人——当然是指在法庭或国会会议厅或委员会会议室听你讲话，或者正在看你的文章或你的意见书或你的著作的那些人——的时间。你应该尽可能使他们的任务变得轻松些。”

裁判文书最直接的读者是当事人，间接的读者是社会公众。这些读者当中固然会有法科生和专业人士，但不是每个读者都具有他们的阅读能力。考虑到跟社会公众对话的需要，判决书的语言要尽可能通俗易懂。霍姆斯在给吴经熊的信里就说：“我认为最好是尽可能避免使用仅为哲学家熟悉而远离普通民众的冗长的技术性词汇，且不要使用太多的正式用语。”这是因为，“很难理解的不是思想，而是词汇，每个群体都有自己的行话，但外行人会为此感到烦恼。”尽管这可能是对写论文的建议，但对于判决书而言，道理是一样的。波斯纳也曾说：差劲的司法意见书，“显然用了太多行话，这是我称之为‘纯粹的’司法意见书写作风格的特色之一。那是有意的专门化的风格；相反的风格，也就是我所称的‘不纯粹的’法律风格，是简单的，非技术性的、口语化的、叙事的、短论式的。”反思我自己的判决，主要的缺点也是行话太多。那种能用家常话说清楚深奥法律问题的文书，真想再多写几篇。

临文时切须检点

姜夔《白石道人诗说》云："一家之语，自有一家之风味，如乐之二十四调，各有韵声，乃是归宿处。"强调的无疑是个性。普通法判决与大陆法判决最大的区别，可能就是个性。在一项研究中，剑桥大学彼得学院的罗德里克·穆迪博士认为，英格兰普通法判决的显著特征之一，就是每位法官在起草判词时都有自己的个性。说到个性，我们首先会想到丹宁勋爵，想到他独具一格的开场白。例如 Hinz v. Berry 案的判词：

这个案子发生在1964年4月19日，在肯特正是风铃草季节。欣茨先生和欣茨太太结婚已经十几年了，他们有四个儿女，年龄都在九岁或九岁以下。最小的只有一岁。欣茨太太是一位很热心的女人。除了她自己的四个孩子以外，她还是其他四个孩子的养母。除此以外，她还怀着她的第五个孩子，已经两个月了。

这一天，他们开着贝德福德牌敞篷汽车从顿布里奇到坎威岛去……

这样的像讲故事一样的开头，绝不是故作轻松的闲笔，而是刻意营造一种温馨的氛围，以形成一种强烈的反差——在随后，一场惨不忍睹的飞来横祸毁坏了这一切。说句实话，这种风格我很喜欢，也做过一些模仿。但是，个性是个双刃剑，模仿也不能过火，过火了就成了东施效颦。穆迪博士举了另一位法官梅加里在Re v.Berry案中的类似判词，就给人以不好的感觉：

埃罗尔·弗林是一个电影演员，他的表演给成千上万人带来了快乐……当他十七岁时在悉尼被学校开除，在接下来三十三年里，他过着充实、丰富、忙碌而多彩多姿的生活。在他的职业生涯中、在他的三次婚姻生活中、在与他的朋友一起生活中，在他与别人争吵中，在他与无数女人寻欢于床上时，他生活得激情澎湃也很不规律。

即使丹宁勋爵，收获的也不都是赞歌。穆迪博士就认为，丹宁勋爵的丰富而个人色彩浓重的风格并不是特别典型。他说："我们的司法体制允许这种夸张，但它们不是我们司法判决的主流。它只代表着一小撮爱出风头的人的做法……"另一位罗杰勋爵说得更不客气："它们给我的感觉就是矫揉造作——有点像摩斯大妈早期绘画的文字版。但摩斯大妈是一个未受过教育的人，而丹宁勋爵是一个非常聪明且接受过极好教育的人。没有人会像丹宁勋爵开场白里写的那样说话和写东西，当然除了写给儿童看的奇幻小说。"

卡多佐也是一位非常追求文学性和个性化的法官，但他深知边界在哪里，他也曾奉劝大家行文时一定要谨慎。他说："幽默的光彩并非不为人所知，但自始至终都在追求幽默的司法意见形式，则是非常可怕的冒险。它的合理性只能用成功加以证实，并且即使成功了，它也极可能发现批评者赞赏者的人数不相上下。"卡多佐讲过法官布莱姆威尔审理的一件涉及猪的倾向和嗜好的案子。一个篱笆被猪撞坏，它们跑了出来，乱窜之中又损坏了一辆有轨电车。判决是这样写的：障碍应当足够坚固，以防止相邻的主人受到猪的侵犯，但这不是指所有的猪，而是那些"活力和顽皮处在平均水平以上的猪"。这位博学的法官接着说：

> 我们也没有规定，必须设立极为密实坚固的篱笆，使任何一头猪都无法窜出来，或者它的高度要使马和阉牛也无法越过。人们很难说清楚这种要求的界限，因为如果另一边有足够强大的诱惑物，猪的力量足可以冲破任何篱笆。但是那个公司有义务设立这样的篱笆，如果猪没有特殊的游窜癖好或没有受到不寻常的诱惑时，它便无法穿过。

卡多佐总结道："我并不想表达这样的想法，引人发笑的司法意见较为糟糕。我只是奉劝大家要谨慎。"

我们现在的裁判文书几乎是没什么个性的，但在古代却不是这样。古代曾有"灭门知县"的俗语，意指州县父母官权柄甚大，百姓千万得罪不得，否则可能招致灭门之灾。所以有些州县官作起判词来，就很放得开，嬉笑怒骂，声色俱厉，都属平常。例如清代徐士林的判词"太湖县民蔡方来冒祖占葬案"，在历数蔡方来种种恶行之后，陡然来了一段痛骂：

> 何物恶棍！冒人之祖，占人之地，侵人之冢，复敢诬人之祖妣为婢，诬人之父为仆。鬼蜮万状，可谓目无三尺者矣。

同是清代名吏的樊增祥，更是一个"嬉笑怒骂"专业户。他的许多判词，张口就是"尔真不是东西！"这类的咒语。例如《批陶致邦呈词》说："胡说八道，尔之妻女不听尔言，反要本县唤案开导，若人人效尤，本县每日不胜其烦矣。不准。”不过，这种嬉笑怒骂体，在今天恐怕很难尝试。正像卡多佐所说，“它属于那些已经逝去的人”。这种风格，即使在当时也属另类。樊增祥自己在《樊山政书自序》中说，他的老师张之洞，虽然“最爱”他的判词，“每秦报至鄂，欣然披览。时对僚属诵之，且曰‘云门下笔有神，每言出若口，必与人异”，但他也非常严肃地指出，“藩司官不为小，而好作谐语是其一病”。樊增祥“感念斯言，为之泣下”，所以在编次《樊山政书》时，刻意“汰其甚游戏者”。清代著名师爷汪辉祖则这样说：

> 言为心声，先贵立诚。无论作何文字，总不可无忠孝之念。涉笔游戏已伤大雅，若意存刺诽，则天谴人祸未有不相随者。“言者无罪，闻者足戒。”古人虽有此语，却不可援以为法。凡能讳之字，讽时之语，临文时切须检点。读乌台诗案，坡公非遇神宗，安能曲望矜全。盖唐宋风气不同，使杜少陵、李义山辈，遇邢、章诸人，得不死文字间乎？士君子守身如执玉，慎不必以文字乐祸。

我写裁判，即使面对一点道理都不讲的人，也会耐着性子跟他讲道理。甚至可以说，越是跟这样的人打交道，你越要字斟句酌，小心翼翼，否则一句话不得体就会成为他控告的把柄。虽然这样，也还是有险些“失手”的时候。有一次写裁判，面对的是一个“马后炮”——他在再审申请书里，对于所申请公开的政府信息条分缕析，说得头头是道，但在最初申请时，却是语焉不详，不知道他要的究竟是什么。可是到头来，他却倒打一耙，怪政府不给他提供。那天我写得兴起，正儿八经讲完道理之后，在文末补了一句：“您这么门儿清，早干嘛去了？”助理看后，连说“不妥不妥”。记着哪一位文豪说过，写完文章，最好放几天，然后把你自己最得意的句子删掉，实属经验之谈。我们自己最引以为得意的，没准儿就是最露怯的。

小心不以文字惹祸，更多的还是顾及自身的安全，若要上升一个境界，就是要努力培养一颗波澜不惊的心。前英国最高法院院长廖柏嘉在他的演讲《判决与裁判意见》中说：“法官没有理由对当事人一方或律师感到不悦乃至愤慨。”即使面对的是个别胡搅蛮缠的人，也不要被他带坏自己的情绪，跟着他的节奏走。波斯纳曾说：“委婉的措辞在法律中有其位置。”我们要练就运用委婉措辞的功夫。以往，我们习惯于论证服从于结果，如果结果上不可能支持原告、上诉人或者再审申请人时，即使对于其有道理的理由和观点，也会不问青红皂白地一概驳回，动辄就是：“上诉无理”，“纯属狡辩”。这不是一种实事求是的态度。很多情况下，当事人的观点并不是“一无是处”。一概驳回的做法首先是偷懒心理在作怪，因为，为什么在有理的情况下还要驳回，就要论证。这当中可能也有顾虑：怕当事人纠缠；怕功力不够，反而把自己绕进去。事实上，不将当事人的意见“一棍子打死”，肯认其中那些比较合理的部分，反而更容易被接受，也更能让人感觉到，你对当事人的意见给予了充分的注意和考虑。

没时间写判决书？

案件越来越多是事实。在英国，情况也差不多。佩妮·达比希尔曾经对英国高等法院的行政法庭做过观察，这个法庭在2008年受理了1200件司法审查的申请和上诉。行政法庭隶属于高等法院的王座部，王座部总共有七十二位法官，但他们要处理与财产、信托、专利等有关的案件以外的其他一切民事案件和王冠法院的严重刑事案件。王座部还包括商事庭和海事庭。所以，行政法庭所能分得的法官数量可想而知。以下就是佩妮·达比希尔在《坐堂审案》一书中的描述：

这个法庭如今非常繁忙，以至于它的案件审判工作量比王座部的一般工作负荷还要大。甚至像威隶法官和拉斯林法官这样对公法既没有经验也没感觉的人也被征召过来审理行政诉讼案件。许多人根本没学过公法这个科目。

但是，他们似乎并没有以此为借口，在说理方面偷懒。

我看到沃西恩法官用一天时间对十二个书面申请进行裁决。他能够快速阅读并理解这些详细的文书、能盲打输入有说理的裁决，并能向我解释一切。换成是威隶法官，他可能半夜还在被这堆文书折腾。这些案子有些混杂，要求对所涉公共机构在不同的成文法下的权力进行仔细审查。涉及的事务有移民、难民、假释、城乡规划、住房以及治安法官的量刑。沃西恩法官认真撰写裁决理由。

在中国古代，州县吏往往是集行政官与司法官为一身，政事讼事，样样纠缠。明代陆鳌在为颜俊彦《盟水斋存牍》所作序言中曾感慨：

> 李官，难也。折狱致刑，出生入死，一不中而人非鬼责随其后。虽迈种德如咎繇（皋陶），已不能无憾于画象之治。矧今日者上诎于所尊，中荧于请托，下淆于土宄、讼师之顽犷，据法则诽，徇情则骫，是非清心定力，曷克有济？广李官，难之难也。巡方之鉴衡，制府之筹咨，藩臬之稽考，十郡之廉察，十六属之禀仰，交萃于斯。一切簿书期会，日左右手画虑不给，是非谏识敏才，又曷克有济？

有些古语我们未见得都能看懂，但大意是说做推官是如何如何难，做广州的推官又是如何难上加难。但就是这位广州的推官颜俊彦，留下一本《盟水斋存牍》，收入判牍达1300余则。“或片言而折，或累牍而陈，摇霜掣电之外，往往见恻隐之性，所谓轰雷触石而安澜晏如也。”清朝有个徐士林，做过几个地方的知府、布政使和巡抚，官位不可谓不高，但他也非常勤奋。《清史稿》本传说他：“日治官文书，至夜坐白木榻，一灯荧然，手批目览，虽除夕、元辰弗辍。”他也有一本判词集《徐公谳词》行世。

清代另一位名吏樊增祥更是勤奋刻苦，他不仅遣词造句务求其工，甚至对下级报来的判词也常常援笔改之，以作示范。有一次，他翻阅咸宁县令易国勲报来的词讼册，上来就大加夸赞：“该令问案公允，固不待言。末后两画匠兴讼，判语用‘画墁求食，凶终隙末’，极为隽妙。”接着话锋一转，提出了更高要求：“而造句未工，今就原本改之。云‘同此画墁，大都志在求食，忽焉隙末，岂知讼必终凶’。”完了他还自嘲一番：“事莫繁于首县，尤莫繁于藩司，首县作四六，藩司改之，可谓好整以暇。”意思是说，有谁能忙过县官呢？更有谁能忙过藩司呢？即使这样忙，县官写了判词，藩司我还给他润色，我们是多么地从容不迫呀！

可见，对于文字的讲究，决不可以案子多时间不够用来推脱。这是个习惯问题，也是个态度问题。一些有成就的法官从不同的角度谈到了对于撰写裁判文书的态度。伦奎斯特强调的是荣誉感，他说："在很大程度上，署名的法律意见是大法官工作唯一显著的记录，而这个职务的最佳报偿莫过于就重要的宪法问题写一份法律意见了。我在做联席大法官时，我迫切地期待领到任务，我想助理们比我还要心焦。助理们的任期仅有一年，如果我在那一年中领到写十七八份法律意见的任务，那么每名助理都有机会在五六份法律意见中作出自己的贡献。"罗伯特·莱弗拉尔则从反面强调荣誉感的重要性："那些最糟糕的裁判文书，多半出自没有荣誉感的法官之手，文书写作在他们心目中只是件麻烦事。"但是，"对那些喜好写作的法官来说，写作有内在的愉悦。"这一点突出表现在当他面对一个有某种新意的案件之时，他能够预感到，他笔下的文字，很有可能对未来的司法判决产生意义。因而，撰写这样一篇司法意见时，他关注的不只是解决纠纷，还有规则之治。

霍姆斯的话更直接地指向对待职业的态度，他说：

“一个人如何对待他所选择的事业，也就是他道德风范的最佳表现。生活既已将我卷入到法学之中，我就应当全力以赴，尽我力之所及，一丝不苟地来展现这一行业的美好前景，以表明它是举世之间至高无上的事业。”有了态度之后，能够将这态度转化为成效的就会是事实上的投入了。丹宁勋爵曾经这样回忆他上下班路上的情形：“同车的绝大多数乘客都在车上看报纸。可我从来不看。我浏览下一个案子的起诉书，或者思考下一个判决书的内容。”当然，只会下笨功夫也是不够的，所以万斯廷法官还特别强调职业艺术感，他说：“努力使法官意见书富有文采而避免过分修饰和累赘是值得的。起草意见书的法官应该具备一种职业艺术感。多数受人尊敬的美国法官如汉德、卡多佐、霍姆斯、布兰代斯和法德的声誉既来源于他们在判决中体现的智慧，也来源于其语言风格、文学才华。”

我自己的裁判文书，都是在非常繁忙的审判和管理事务之余挤时间写就的。在四巡的两年，周末、乃至春节假期，整个大楼里常常只有我一个房间的灯亮着。还记得巡回期满即将返回本部的时候，将近一个月，我都把自己关在宿舍里埋头写文书。每天傍晚时分，助理和书记员都会像交通员一样，用袋子取走一批，又送来一批新的。全部写完排版之后，我又加入了她们的校对流程。这种孜孜矻矻，固然取决于对于职业的尊重，但同时也是多年来养成的对于文字的极度讲究。我在后边会简单回顾到我过去的煮字生涯，不过那个时候，我并没有将写作与办案联系在一起，总以为写写豆腐块是非常不务正业的事情。但越往后越明白，法官也是个靠写作为生的行当。关于这一点，樊增祥的一段话说得很经典：

> 尝谓言语、文学、政事本是一串，不会说话、不能作文之人，其政事虽妥当，而决难出色。听讼者，政事之一端，坐堂要口才，禀详要文笔。

因此，你要想当一个出色的法官，一定要培养起对于写作的兴趣，而不能把写作当成一种负担。

如何学习行政法

章剑生教授曾经写过一篇《我们为什么偏爱李广宇法官的裁判？》，文章的开头写道：

> 在中国行政法学界，李广宇法官可以说是无人不知的。作为最高人民法院行政庭的资深法官，多年来他与其他最高人民法院法官们一道，一直致力于通过裁判行政案件，推动域外行政法理论“本土化”，创新中国行政法理论。

这个评价尽管让我很受用，但我自己知道，对于行政法，我不过是一个半路出家而且不太用功的学徒而已。我1979年就考上了大学，但读的并不是法律，而是文学。那时候的河北大学，甚至还没有法律系。在大学期间，我一直埋头写诗，有的甚至还被诗坛前辈田间的评论文章所肯定，但也仅此而已，一直没有写出什么名堂。毕业时误打误撞分到了河北高院，作家梦却一直不曾泯灭。参加完两年“严打”，得闲了，又开始涂鸦起来，不过已经将兴趣转向杂文，和同城的一群文青一起，发起成立了石家庄青年杂文学会，成了一名在当地小有名气的“专栏作家”。正在这个时候，法律业大成立了，作为本科生我本是可以免试入学的，但我有些不甘。后来最高人民法院与北大、人大、法大等高校合作，招收定向培养的研究生，我才动了学习法律的念头。先是在北大英语系强化了一年英语，接着便顺利考取了北大法律系行政法专业的研究生。记得入学前我去大钟寺青年公寓拜访姜明安教授，他说你考了宪法行政法专业第一名，可以随便选导师，我就在他推荐的罗豪才、萧蔚云、龚祥瑞三位教授中选择了罗老师。因为那时我已拜读了罗老师的几本行政法著作，是我心目中的中国行政法第一人。

在北大的三年，尽管听了一些名师的课，读了几本专业的书，但我仍然不务正业得很，课余时间几乎都用来写一本《书文化大观》。说起来，那本书在读书界还是有一些影响的，因为那个时候同类的出版物还很少。记得书出版之后不久，中国书店举办读书节，发函邀请我去做一场报告，我底气不足婉谢了没去。北大图书馆系肖东发教授的《中国书史》也把它列为参考书目，但他肯定想不到，这本书的作者竟是北大法学院逃逸的不用功的学生。还有半年就要毕业时，我考上了美国哥伦比亚大学的访问学者，这样北大的学业被迫暂时中断。在纽约的那一年里，也上过几堂行政法名家的课，像大名鼎鼎的欧内斯特·盖尔洪，就是我们的老师，但在他的课上也几乎没有听懂什么。那时的精力全用来泡东亚图书馆的中文书库了，在捡来的彩色打印纸的背面，陆续写了一百多篇文学书话。每写一篇就寄到国内报刊发表，有不少还被纽约的中文报纸《侨报》刊用，甚至还作为重点作者受邀参加了《侨报》的新年酒会。

回到北大的半年里，本来是要准备学位论文，但前两个月却又点灯熬油地写起《叶灵凤传》，只是到最后时刻才草草凑成一篇《美国行政立法要论》。这个文章不过是翻译了我从美国带回的一些英文资料，并且蹩脚地套用了罗老师的“平衡论”。但罗老师却给了我很多鼓励，还曾告诉我其中的部分内容被行政立法研究组的简报摘编。我至今还记着坐公交车去给答辩委员会成员张尚鷟、皮纯协老师送论文的情形。所幸答辩委员会的主席是我的自己的导师，罗老师笑眯眯地问了我一个非常简单的问题，就过关了。罗老师本来还希望我免试读他的博士，但我认真考虑了两天，还是决定回原单位去。因为到那时为止，我已参加法院工作十一年，仍然还是书记员科员，再在外面漂下去心里特别没底。虽然离开了罗老师，但此后很多年，我一直得到他的关爱。调往最高法院时，听说他为我说了很多好话；申报全国审判业务专家时，他又非常愉快地担任了我的推荐专家。每次见到他，他的温暖的大手总是握住我不肯松开。

重返河北高院，其实也没能从事行政审判，先是被任命为宣传科副科长兼人民法院报记者站副站长，风风火火干了将近一年，院长出事了，新院长到来后我被安排做了他的秘书。跟着领导跑了三年半，最后跑不动了，去石家庄中院挂职副院长，差不多也是三年半。再再后来，才通过竞争上岗做了河北高院的行政庭庭长，总算正儿八经地干了几年行政审判。这时期疯狂地买来许多行政法的书，还记得有一年在杭州参加行政法学会年会，与南开大学付士诚教授等人结伴去保淑路一家法律书店买书，各类行政法著作挑了整整两大捆。到北京出差的时候，法律出版社书店又成了必去之地。

2005 年秋天的时候，我调到最高人民法院，担任行政庭副庭长。刚来的时候，战战兢兢，不敢多言，只是拼命读书，一直过了两三年，才开始试着写文章。那一年，《政府信息公开条例》颁布了，感觉很对我的胃口，后来，又主持政府信息公开诉讼司法解释的起草，因为这个机缘，钻研了许多问题，行政法的修养才有了一些提高。这也是我所要说的学习行政法的体会之一：挖一口井。为什么这样说？因为行政法是一个庞大的体系，漫无边际地读下去，很难抓住要领。从某一小的领域切入，就像深挖一口井，那口井会纵深地触及到方方面面，而又始终围拢在一起。我在一篇文章当中曾经这样说：

> 政府信息公开不仅是一项全新的行政活动方式，这一类全新的诉讼也给传统的行政诉讼模式和格局产生了很大冲击，所以这个司法解释的意义不仅在于及时应对针对这样一种全新的行政活动方式所产生的诉讼，某种程度上，它也成为一种全新的行政诉讼模式的探路者和先行军。我们回过头来再看这部司法解释，会发现它在诉讼类型化、判决方式方面所作的探索，很多都已为新的《行政诉讼法》所吸收。

我在挖政府信息公开这口深井的过程中，遇到许多行政法上的重要问题，除了诉讼类型化，像利害关系、诉的利益、判诉对应、暂时权利保护、行政诉讼民事诉讼化，都是在这期间关注并思考的。这期间再读行政法学经典读物，就不是泛泛而观，而是带着问题学，将各家学说比较着学，这就是我所要说的学习行政法的体会之二。

带着问题找答案，就会知道哪些书有料，哪些书很水。虽然王名扬的外国行政法三部曲早已是案头必备，但真的看进去也是在这时。在一个初冬的刮着大风的寒夜，我曾应马怀德老师的邀请到中国政法大学讲过一场《政府信息公开司法解释的台前幕后》，一开场我就谈到了王名扬：

> 接下来，还有一位法大人不能忘记，那就是咱们行政法学界的前辈大师王名扬先生。在座各位都读过他的外国行政法三部曲，而这个司法解释和我本人关于政府信息公开的著述，就直接得益于王老的《美国行政法》。我之前也不止一次读过这部书，但当你遇到问题的时候再去读，你会发现其中暗藏着许多把钥匙，供你去打开一把又一把的锁。政府信息公开这个话题在国内引起热

议，只是最近几年的事情。回过头再看1995年出版的《美国行政法》，你才发现后面有很大篇幅是在讨论美国的《信息自由法》和《隐私权法》，很多概念，像信息的可分割性、单方审查、反信息自由法的诉讼，等等，都是从王老的书中学习的。我建议各位精读王老上下两册的《美国行政法》，这可是取之不尽、用之不竭的宝贵财富。

在写《政府信息公开司法解释读本》时，我找到了一个模板，这就是室井力、芝池义一、浜川清主编、朱芒翻译的《日本行政程序法逐条注释》，这哪里是“逐条”注释，简直是逐句、逐词注释，其精细深邃实在是前所未见。朱芒教授在“译者后记”里也谈到这一类“注释法学”著作所带给他的震撼：

在我学习和研究法律的路程上，第一次读到经典的逐条注释著作，感受到其中的学术力量，是在上世纪的九十年代初，可以说，《日本国宪法精解》一书对我的影响而言，是具有里程碑意义的作品。1990年初夏，当我第一次读到该书时，开始有一种恍然大悟的感觉，现实制度运行的积淀，学术理论研究的成果原来是可以这样进入具体的法条。……遗憾的是，在中国法律领域中，至今还尚无这类法律注释书。

我就依样画葫芦地写了一本有关政府信息公开诉讼的“注释书”，把许多前沿研究成果浓缩到对司法解释每一句话的注释当中。不仅使这本司法解释解读具有了不同于以往的样貌，对于我自己的学术旨趣和写作风格也产生了非常大的影响，以至于成为后来完成的《新行政诉讼法逐条注释》和《新行政诉讼法司法解释读本》的前奏。这就是我所要说的学习行政法的体会之三：找好书看。木心曾说：“找好书看，就是找一个制高点。”行政法著作可谓汗牛充栋，但基本上大同小异，没必要都去读，也没有那样的时间和精力，所以就要选最好的读。不仅内容好，方法体例也要不同凡俗。读平庸之作，只会把你带得更平庸。

有了这一阶段的积累，到参与《行政诉讼法》修改时就感觉得心应手多了。不过，一直到新《行政诉讼法》颁布，很多问题也还是只知其一不知其二。如果说后来有了一个飞跃，那要得益于独立撰写《新行政诉讼法逐条注释》。在为另一本《新行政诉讼法司法解释读本》所写的跋语中，我记录了这一过程以及我的内心追求：

> 1990年秋天，第一部《行政诉讼法》开始施行。我恰好进入北京大学法律系，师从罗豪才教授研修行政法。那会儿，无论如何也没料到，二十四年之后，我会代表最高人民法院全程参与《行政诉讼法》的修改。并在随后主持新《行政诉讼法》司法解释的起草。
>
> 在《行政诉讼法》修正案通过之后，整整半年又两个月，几乎所有的晚间和周末，我都是在办公室度过，先后写出《新行政诉讼法逐条注释》和《新行政诉讼法司法解释读本》。写作过程的寂寞困苦难与人道，写作过程的别样欢乐也是他人所难体味。
>
> 写作的过程就是学习的过程。与大师先贤的对话恰是一种莫名的享受；享受的同时也不经意地完成了一次

学问上的蜕变。我也在刻意尝试一种不同的叙述方式，既要说“是什么”，又要说“为什么”；既要说“怎么读”，又要说“怎么做”。法条注释也应该当作学术作品去经营。

我也始终在努力思考行政法应有的样态，也始终在追问行政诉讼的模式如何转换。限于体例，不可能完整捧出系统的主张，但个中的片段絮语，却已隐含在全书的字里行间。学无止境，实践之树常青。我们总是期待着下一本，那么，下一本会是什么？

一个人写逐条注释，偷不了任何懒，每一条都要搞明白，这就是一种系统训练；而既要说“是什么”，又要说“为什么”的理念，又会让你追根溯源，不搞清来龙去脉誓不罢休。我还追求言必有出处，还记得，有时为了找一句最为到位的话，几乎翻遍所有的书橱。这样的苦功夫也能熟悉更多的经典名著，其中，哈特穆特·毛雷尔的《行政法学总论》和弗里德赫尔穆·胡芬的《行政诉讼法》成为我的最爱，以至于我在办案写裁定时也会把它们放到手边，当我遇到难题时总能在里边找到满意的答案，德国人的精细和缜密也能给人以潜移默化的影响。有一年我去位于明斯特小城的北威州行政法院访问，与德国同行畅聊一个下午的诉讼类型化，他们说："感觉你跟我们是一个思维方式。"所以，我所要说的学习行政法的体会之四就是：不动笔墨不看书。王泽鉴曾说："法学训练在于写作。"他强调："写很要紧，不要想，要写。"想可以绕过去，写是万万绕不过去的。你们不一定都要写一部逐条注释，也没这个必要。但可以拣小题目写，结合案例写，写一个小问题就把这个问题的前前后后搞明白，日积月累，就能提高。

后来，仅仅行政法的书已经难以使我满足，于是又将目光扩大到民法和民事诉讼法，民法方面，卡尔·拉伦茨的《德国民法通论》和王泽鉴的《民法学说与判例研究》读得最多；至于民事诉讼法，则喜欢日本的兼子一、中村英郎、新堂幸司和高桥宏志。这些书有的已经绝版多年了，很难找得来，但我都一一找来了。行政诉讼首先是一种诉讼，这个道理看似十分浅显，但真正体会到位的，未见得人很多。很多人都熟悉美国的行政法著作，可曾看到有关行政诉讼程序的内容？很少有。因为他们的司法审查同样适用民事诉讼程序，所以研究著作就只关心这些特殊的方面。我们的《行政诉讼法》也具有民事诉讼特别法的基因，很多程序问题不作重复规定，但这些略去的又离不开的内容在行政法著作中找不到，这就需要向民事诉讼的相关法律和文献伸出援手。近几年，我的裁判关注了诸如诉讼系属、诉讼标的、既判力、诉讼三阶段等等过去少被关注的内容，也产生了一些影响，其实其中的许多观点都是从民事诉讼著作当中偷师而来。行政诉讼民事诉讼化，不是新潮，而是回归。所以，这就是我所要说的学习行政法的体会之五：学习行政法，一定不要只看行政法。

法律与文学

不仅不要只看行政法，只看法律也是不够的。我曾发表过一个《法律与文学》的演讲，那是在第四巡回法庭的时候，第二批法律实习生的结业式上。那一天，四巡还迎来了一批特殊的客人，他们是河北大学政法学院的四十二名师生。我们为他们精心准备了丰富多彩的“巡回法庭初体验”活动，然后，他们就一起参加了法律实习生的结业式。在演讲的时候，我向河北大学的小学弟小学妹们透露了一个小秘密：和他们一样，我也是河北大学本科毕业生。十六岁开始，我在保定市合作路1号度过了四年最美好的青春年华。正是小学弟小学妹们的到来，鼓励我把心底里埋藏多年的关于法律与文学的想法讲了出来：

> ……说几句真心话。我从来不因河北大学的出身觉着矮人三分，很长一段时间里，感到不那么理直气壮的，是我毕业于中文系。非法的背景做法官，总难讲根红苗正。但到后来，我慢慢找到了几个知音，心里也多了几分底气。“法律的生命不是逻辑，而是经验。”谁说的？美国联邦最高法院大法官霍姆斯。霍姆斯在哈佛本科读的是文学，他说：“我的家族和我本人都天生对文学有浓厚的兴趣。”他后来能写出《普通法》、《法律的道路》这样的传世经典，以及众多影响深远的判决，既得益于他的志向、他的激情，恐怕也得益于他非凡的文学造诣。
>
> “一个法官的工作，在一种意义上将千古流传，而在另一种意义上又如白驹过隙。”说这话的，是差不多与霍姆斯齐名的另一位最杰出的法官卡多佐。他在哥伦

比亚大学读的也是文学院，多年后，他把他的文学才华倾注到了文书写作，形成了“我们这个时代最出色的文风之一。”有人说这是“诗化语言”，有人说他是“艺术大师”，有人说：“其迷人的文风是他大名鼎鼎的重要原因。”我们不妨欣赏一段他的判词：“险情招来援救。遇难呼喊是对救助的召唤。法律在追究行为及其后果之间关系时，不忽视这些心灵反应。……援救的风险，只要不属胡乱行为，与事故共生共存。”

波斯纳法官在研究了霍姆斯和卡多佐现象之后，得出了这样一个结论：“文学力可能是法官的优秀特征中比分析力更重要的一个特征。”而能够千古流芳的，也更是“文学性”的法官。这话未尝不是夫子自道。有人说：“上帝给了波斯纳一支神笔，他可以写任何东西。”作为“前无古人”的“著述最丰的联邦法官”，波斯纳也是一个传奇——他虽然被誉为“在世的最有影响的法学家”，但他的第一个学位却是耶鲁大学的文学士；他虽然是一名联邦上诉法院的资深法官，但竟然没有一个法学博士学位。他既是“法律与文学”的领军人物，他也是一个“法律与文学”的完美融合体。

王泽鉴曾说：“法学的训练在于写作。”司法其实也是一份靠写作为生的职业。作为司法过程的最终结晶，裁判文书不仅是一种法律产品，也应当是一种文学产品。正如维柯所说：“古代法律是一种严峻的诗创作。”在中国古代，判词的确是一种文学体裁。唐代的科举考试分为“身、言、书、判”四项，“判”就是判词。在近代之前，中国的司法官员往往同时具备文学家的身份或者追求。他们笔下的判词，不仅入情入理，而且文采斐然。不仅散骈并用，甚至以诗入判。我们来看一篇樊增祥写的《批张忠孝呈词》：“谁叫尔好作媒，惹此猢骚。以后少管闲事，所控不准，伤单附卷。左臂铁尖伤一点，不过米大也，值得打场官司乎？尔真不是东西。”真是嬉笑怒骂，个性十足，一点儿没有八股气。

不知何时，我们的裁判文书沦为了不忍卒读的新八股。究其根本，是不会说话，不会说人话，不敢说人话。爱德华·考文说：“法官乃会说话的法律。”对于法官，会说话，主要体现在会写一手好文书。“他们是为作出判决而说话。”但会说话并不代表一味堆砌辞藻，无度铺陈。即使在文学领域，那也是下品。会说话的最高境界，是精当准确，是言浅情真。圣保罗说：“若吹无定的号声，谁能预备打仗呢？你们也是如此，舌头若不说容易明白的话，怎能知道所说的是什么呢？”删繁就简三秋树，领异标新二月花。我们都爱读丹宁勋爵的文字，喜欢的就是那种通俗洗练，那种别致新颖。“正义不仅要实现，而且要以人们看得见的方式实现。”这是丹宁勋爵说的；正义不仅要实现，而且要以人们看得懂的方式实现。这是丹宁勋爵做的。他说：“风格是思想的外衣。”“我的判决书从头到尾都贯穿着我的风格。”这个风格就是生动。“当事人是带着活生生的问题来到法庭的，我也要使我的判决生动一些。”

丹宁讲过一个故事，有一个外行委托人来到普兰戴尔律师的办公室，却发现墙壁上不是摆着法律书籍，全都是历史和文学。律师指着那些书说：“这些是我执业的工具。不懂历史和文学的律师只是一个工匠，一个只会干活的工匠；如果他拥有这些知识，他就敢说自己是建筑师。”丹宁比那位律师更饱读诗文，尤其爱读莎剧。他说，他的判决书就像莎剧那样，一幕幕地拉开场景。木心也爱读莎剧。他说：“你们可惜看书太少。不但少，遍数也太少。莎剧，我看过五六十遍。为什么呢？每次读都不一样，到老都不懂透的。”我的两位实习生，六个月实习结束后，最大的感受是“书到用时方很少”。这就找到了成长的钥匙。

“归根结蒂，文学是对生活的省察。”书中自有白云苍狗，书中自有悲欢离合。文学，给你的不只是悲天悯人的情怀，还可以给你一双看破世间纷扰的慧眼。苏东坡说：“腹有诗书气自华。”我们学习文学，不仅在于学习遣词造句的本领，更为了以书为鉴，培育情感情怀，养吾浩然之气。“道德文章”德为先，“士先气节而后文艺”。因此，你可以不读中文系，但你不可以不读文学。陆游说：“汝果欲学诗，工夫在诗外。”我们讲：“汝果欲学律，先由文学起。”法律与文学，文质兮彬彬。这就是我今天送给母校同学的一个建议，这也是我送给四巡实习生的一段临别期许。

从学徒开始

法学学科是实践性很强的学科，巡回法庭作为司法改革的前沿阵地，可以为巡回区高校提供很好的教学实践平台。所以我一到四巡，就先后前往郑州大学和河南大学拜访，洽谈合作意向。后来又带队把庭审开到了武汉大学和安徽大学，模拟法庭里的火爆场面到现在都记忆犹新。很快，八家高校教学实践基地的牌子就挂在了四巡，我们也先后迎来了三批优秀的实习生。每当实习生到来或者结业的时候，我都要为他们讲点儿什么，其中一次的题目是《从学徒开始》，觉着跟我们这本小书的主题非常契合，所以也把它抄在这里。

就在几天前，在欢送第二批法律实习生的时候，我说：“第二批的结束，意味着第三批的开始。”转瞬间，第三批的同学就坐在了我们面前。盛夏时，我们相约四巡。四巡欢迎你，四巡因为你们的到来，又一次升腾起青春的气息。

不是每个人都有到最高法院实习的机会，而你们正是为数不多的幸运者之一。在这里，你们将会有六个月的实习期。不要虚度这段年华，不要小看这段经历。今天的经历，可能就是明天的财富。今天的助理，可能就是明天的法官。在美国，许多大法官，包括一些首席大法官，正是以法官助理的身份开启自己的司法生涯。

对于法官来说，多一个助理就是多了一个帮手；对于实习助理来讲，他应该首先把自己定位于一个法律学徒。英国的法官形成机制，更能直观地说明这一点。打从十二世纪开始，英国就有了法律学徒制度。如果有志于成为一名法官，就要赁屋于伦敦西区三大中央法庭附近，一边旁听，一边上课。这些简易的学校，日后演变成四大律师学院。著名法官丹宁勋爵，就曾就读其中的林肯律师会馆。

正如习近平总书记所说，法学学科是实践性很强的学科，法学教育要处理好知识教学与实践教学的关系。你们从法学院来到法院，就是从知识教学转到了实践教学。学业仍在继续，不过是换了一间教室。这个教室就像一个车间，而你们，就要从学徒开始。学徒的本分是谦卑，学徒的天职是勤奋，学徒的秘诀是不耻下问。

法庭是法官的舞台，法庭也是你们的阶梯教室。在这里，你们不仅可以有机会旁听各种庭审，甚至能坐在法官身前，亲自参与其中。你要熟悉审判程序，你要学会寻找争点，你要试着起草庭审提纲，你要观察法官如何指挥驾驭。目光在诉辩之间穿梭，长枪短剑，教会你什么是法庭话语。

事实是裁判的基础，法律为裁判的准绳。无论古今中西，举凡司法裁判的过程，无非就是在“务得事实”

的基础上正确适用法律。去粗取精，去伪存真，由此及彼，由表及里。认定事实的方式，就是运用证据。认定事实的过程，既是一门科学，更是一门熟能生巧的技艺。

马克思说：“要适用法律就需要法官。”而适用法律，无非是寻找可资适用的法律规范、在法律规范冲突时进行选择适用、结合案件事实解释法律规范的含义、当法律规范出现漏洞时进行填补。要习惯于在法官指引下，结合案件梳理法律规范，在法律规范之间分析类比。过去你们在学校考试总是会背法条，那些枯燥无味的法条，考完试可能就还给了老师。只有面对具体的案件要解决，你对法条的印象才会刻骨铭心。通过梳理法律规范，你会更深切地理解，什么是请求权基础，什么是法不溯及既往，什么是类推适用，什么是概念体系。要读几本法律解释的书，包括法律释义、法学方法论，甚至可以关联阅读域外法律。参考借鉴外国立法，以解释本国法律，是现代文明国家的通例，也是比较法解释的根据。多学一种法律，就会增强一份力量，扩充一番视野。

先例应当遵循，裁判应当统一。法官总会为你布置类案检索的任务，此时千万不要应付差事。王泽鉴说：“不读判决的话，我不知道我能研究什么。”判决是活着的法律，学习判决就是学习法律；读一篇好的判决，不亚于读十篇教科书。带着鲜活的问题，去寻找判例、比较判例、研究判例，更会事半功倍。

卡多佐说：“在这整个国度的数百个法院里，每天都在进行决定案件的工作。”你的幸运不只是见到了这些决定本身，还在于见到了、甚或参与了这些决定的生产过程。决定的生产过程远不是自动售货机那么简单，而是要综合多种因素，包括事实的、法律的，情感的、伦理的，个体的、社会的。正如卡多佐所说：“日复一日，以不同的比例，所有这些成分被投入法院的锅炉中，酿造成这种奇怪的化合物。”刚开始你注定是血气方刚，临走时你可能会老气横秋。不经意间，你走向了成熟。

先贤云：“不动笔墨不看书。”法学的训练也在于写作。法学写作是你书本和实践知识的综合运用，法学写作也是提升你综合素养的最佳路径。说到底，司法也是一份靠写作为生的职业，法院为你提供了充足的法学写作的机会。有人说："连接法院与公众的主要是书面文字。书面文字归根结底是法院权威的来源和尺度。"在法院，最重要的书面文字无疑是判决。勇敢地接受撰写判决初稿的任务，细心地体会撰写裁判文书的心得。你会发现，一个判决，仅仅结果正确是不够的——它还必须公允合理、通俗易懂。裁判文书的重要任务，在于向外界解释说明判决是规范合理的，进而使公众信服并感到满意。

你还会发现，简洁与直白，远不如长篇累牍写起来简单。黄仲则诗云："结束铅华归少作，屏除丝竹入中年。"删繁就简，返璞归真，是一种人生境界，更是一种阅历积累。木心说："找好书看，就是找一个制高点。"如果你开始感叹——"书到用时方恨少"，那你就差不多成功了一半。找好书看，不仅可以升华你的气质、尖锐你的笔头、明亮你的慧眼，还会为你找到一个驱除寂寞和孤独的侣伴。作为一个有品格的法律人，你要习惯在纷扰的世界里乐享一个人的狂欢。

而今天，你要记住你还只是一个学徒。事成于琐屑，才折于骛远。“积土成山，风雨兴焉；积水成渊，蛟龙生焉。”沉下一颗心，过好每一天。祝福各位同学！也祝福既要办案，又要传道授业解惑的法官老师们！

没有经历过人生，不会知道人生是如此短促。如今我也快到退休的年龄了，可我觉着，自己仍然像个学徒，还有好多学问没有学到，还有好多问题没有思考清楚，要做的事情真的还有很多呢。

在终于要结束这本小册子——事实上也是将要结束我的法官生涯——的时刻，我想起了霍布斯所说的那句话：“一个法官过去了，另一个法官又来了，但是天地从不会过去。”我还想起了卡多佐《司法过程的性质》那段令人难忘的结束语：

先生们，未来属于你们。在一个无尽的过程中，我们应征来完成我们的工作。当我死去并消失很久以后，当我在这一过程中所扮演的小角色被人们遗忘很久以后，你们还将在这里来完成你们的那份工作，并将高举火炬继续向前。我知道，当火炬在你们手中时，那火焰将格外辉煌。

图书在版编目(CIP)数据

判词例话 / 李广宇著. -- 北京 : 法律出版社,
2021
ISBN 978-7-5197-5721-2

Ⅰ. ①判… Ⅱ. ①李… Ⅲ. ①审判—法律文书—基本知识—中国 Ⅳ. ①D926.13

中国版本图书馆 CIP 数据核字(2021)第 122645 号

判词例话
PANCI LIHUA

李广宇 著

策划编辑 许 睿
责任编辑 许 睿
装帧设计 乔智炜

出版发行 法律出版社
编辑统筹 司法实务出版分社
责任校对 朱轶佳
责任印制 胡晓雅
经　　销 新华书店

开本 787 毫米×1092 毫米 1/32
印张 6.5 **字数** 90 千
版本 2021 年 7 月第 1 版
印次 2021 年 7 月第 1 次印刷
印刷 中煤(北京)印务有限公司

地址:北京市丰台区莲花池西里 7 号(100073)
网址:www.lawpress.com.cn
投稿邮箱:info@lawpress.com.cn
举报盗版邮箱:jbwq@lawpress.com.cn

销售电话:010-83938349
客服电话:010-83938350
咨询电话:010-63939796

书号:ISBN 978-7-5197-5721-2
定价:66.00 元
凡购买本社图书,如有印装错误,我社负责退换。电话:010-83938349